¿Por qué decir no si mis hormonas dicen: Hazlo?

¿Por qué decir no si mis hormonas dicen: Hazlo?

EMILY PARKE CHASE

PORTAVOZ

La misión de *Editorial Portavoz* consiste en proporcionar productos de calidad —con integridad y excelencia—, desde una perspectiva bíblica y confiable, que animen a las personas en su vida espiritual y servicio cristiano.

Título del original: *Why Say No When My Hormones Say Go?*, © 2003 por Emily Parke Chase y publicado por Christian Publications, Camp Hill, Pennsylvania 17011. Todos los derechos reservados.

Edición en castellano: *¿Por qué decir "no" si mis hormonas dicen: Hazlo?*, © 2006 por Emily Parke Chase y publicado por Editorial Portavoz, filial de Kregel Publications, Grand Rapids, Michigan 49501. Todos los derechos reservados.

Ninguna parte de esta publicación podrá reproducirse de cualquier forma sin permiso escrito previo de los editores, con la excepción de citas breves en revistas o reseñas.

A menos que se indique lo contrario, todas las citas bíblicas han sido tomadas de la versión Reina-Valera 1960, © Sociedades Bíblicas Unidas. Todos los derechos reservados.

EDITORIAL PORTAVOZ
P.O. Box 2607
Grand Rapids, Michigan 49501 USA

Visítenos en: www.portavoz.com

ISBN 0-8254-1154-8

1 2 3 4 5 edición / año 10 09 08 07 06

Impreso en los Estados Unidos de América
Printed in the United States of America

*Para todos aquellos jóvenes,
especialmente quienes son vírgenes renovados,
que han tenido el coraje de decir "no"
al sexo fuera del matrimonio.*

Contenido

Nota de la autora 9
Prólogo 11
Agradecimientos 13
Comienza la historia: Solo los hechos 15

UNO: ¿AMOR O DESEO?
   Él habla 19
   De la vida real:
     Kyle Brady, jugador de la Liga Nacional de
     Fútbol (*NFL*) con los *New York Jets* 30

DOS: NO TIENES QUE SER VIOLADA
   Ella habla 33
   De la vida real:
     Andy Landis, cantante cristiana de música *country* 46

TRES: ¿Y SI PAPÁ Y MAMÁ ME DESCUBREN?
   Un padre habla 49
   De la vida real:
     Lakita Garth, ex titular de *Miss Black* California 62

CUATRO: ¿QUIÉN ADEMÁS RESULTA HERIDO?
Un hermano habla. 65
De la vida real:
    Tamara Mowery de la serie televisiva *Sister, Sister*. 74

CINCO: EL SEXO PUEDE SEPARAR AMIGOS
Un amigo habla 77
De la vida real:
    A. C. Green, jugador de la Liga Nacional de
    Baloncesto (*NBA*) con los *Miami Heat*. 85

SEIS: DIOS CONSIDERÓ EL SEXO
Dios habla. 87
De la vida real:
    Twila Paris, instrumentista cristiana .97

La historia termina: Solo la verdad 99

Nota de la autora

EN LOS SIGUIENTES CAPÍTULOS algunos nombres y hechos han sido cambiados para proteger la privacidad de las personas quienes han dado a conocer sus historias. Los nombres que aparecen entre comillas, por ejemplo: "Julia", han sido cambiados y no se deberán asociar con personas que el lector quizá conozca personalmente.

Prólogo

"El sexo es algo natural. ¡Usémoslo! Después de todo, estás en el mejor momento de tu vida".
"No, debes esperar hasta el matrimonio. Así será más especial".
"Sí, debes esperar, pero sabemos que lo harás de todas formas. Usa condón, toma píldoras, protégete".

Muchas personas hablan acerca del sexo, pero ¿qué debes hacer si los mensajes se contradicen unos con otros? Nuestros padres dicen una cosa, la escuela enseña otra, la televisión y la música proclaman otra muy distinta. ¿A cuál de estos mensajes debes prestar atención? Si el sexo es algo natural, ¿por qué no debes disfrutar de él antes del matrimonio? Si se supone que tienes que esperar, ¿por qué tienes hormonas que están corriendo a toda velocidad por tu cuerpo ahora mismo? Si el sexo es tan bueno, ¿por qué necesitas protegerte? Si ya tuviste sexo con alguien, ¿por qué debes leer este libro? ¿Es demasiado tarde?

Mientras lees los siguientes capítulos de este libro, las respuestas a todas estas preguntas se tornarán claras. Ni las píldoras para no embarazarse, ni el condón, ni los cuidados pueden protegerte de los distintos sufrimientos descritos en este libro.

El sexo es goma de pegar. Cuando un hombre y una mujer tienen sexo, este los une como con súper pegamento.

Yo trabajo en una clínica de maternidad, algunas veces les pregunto a los jóvenes que vienen a mi oficina sobre su primera relación sexual. Cada individuo, tanto hombre como mujer, puede recordar ese hecho. Para algunos puede haber sido una experiencia negativa donde alguien los presionó a tener sexo. Para otros puede haber sido una experiencia positiva donde escogieron tener relaciones íntimas. Pero cada persona puede recordar una sorprendente cantidad de detalles. Ellos pueden rememorar colores, texturas, escenas, y siempre recuerdan el día después del hecho. Estos recuerdos pueden durar para toda la vida.

Si alguien te arranca una venda de tu brazo, te duele. Cuando una relación sexual se rompe, ambas personas quedan heridas. Ninguno de los dos queda libre del dolor. Después que tú has tenido sexo, llevas recuerdos de esa experiencia a la próxima.

¿Qué sucede si tú tratas de volver a usar la venda arrancada de tu brazo? No vuelve a pegar tan fuerte como la primera vez, ¿verdad? El súper pegamento sexual se debilita con cada nueva relación. Cada vez que tú te unes y rompes con alguien, más recuerdos vas a acumular. Tú te unes y rompes, te unes con alguien y rompes de nuevo.

Finalmente, conoces a la pareja de tus sueños, la persona con la que te quieres casar, tú quieres disfrutar de la intimidad sexual de tu matrimonio pero de pronto descubres que el "pegamento" no funciona tan bien. Todos tus recuerdos de relaciones pasadas se introducen en tu intimidad con tu cónyuge.

Piensa en esto. El sexo no es algo malo o sucio en sí mismo. El sexo crea una intimidad impresionante. Pero si las personas ignoran cómo funciona el sexo, el camino de Dios designado para el sexo, ellos serán heridos y se perderán el verdadero placer del sexo en el matrimonio.

Este libro está diseñado para ayudarte a disfrutar del sexo en su plenitud en el matrimonio. Si no te casas, estas páginas te presentarán a Dios, quien puede llenar cada deseo de verdadera intimidad.

Agradecimientos

Gracias a los muchos participantes anónimos en esta aventura: Gina Dalfonzo y Carmen McCain quienes editaron las primeras versiones; Guy Condon, presidente de *Care Net*, sus sugerencias me llevaron a cambios importantes; a los autores Jim Watkings y Molly Kelly, quienes me animaron como una nueva escritora; Esther Vannoy quien hizo las ediciones finales; y a los millares de estudiantes universitarios quienes me hablaron de sus experiencias.

Mi especial agradecimiento a "Nancy", "Julia" y "Ana". Sus historias personales enriquecieron muchísimo las páginas de este libro.

Ange, Ethan, Harold, Mildred, Myrle, Peggy, Robyn y Ruth. Sus fieles oraciones han sido contestadas.

Un inmenso agradecimiento para mi esposo, nuestros hijos y mis padres por su continua paciencia y aliento.

Por sobre todo, le agradezco a Dios por permitirme participar en su obra.

Comienza la historia:
Solo los hechos

Los nombres se han cambiado, pero esta historia, no importa cuán increíble sea, es verdadera.

Hola llámame Alberto. No puedo decirte mi nombre verdadero porque mi padre es un gran militar, especialista en asuntos del Oriente Medio... lleno de secretos y negocios. Si esta historia se descubriese, él estaría en un grave problema. Él está en la escena política, conoce todas las personas de alto rango y habla el idioma mejor que los nativos. Crecer en nuestra casa era como vivir en la ONU. Yo conozco el hebreo y el árabe, pero algún día todo esto me servirá. Tengo una buena posición, mi padre se va a retirar y soy la persona para continuar su papel. Mientras tanto, yo estoy relajado mirando cómo va el mundo".

"No le prestes atención a Alberto. Yo soy Teresa y crecí en el Oriente Medio. También he conocido a Alberto toda mi vida. Es el muchacho más aceptable por aquí. Es rico, inteligente, muy bien conocido e insoportable. A veces mis amigas me imploran que yo les presente a Alberto, pero francamente es un poco engreído. Bueno, me voy. Nos vemos".

"Muchas gracias... por nada, Teresa. Te veo después. Seriamente, a solas entre tú y yo (ahora ella se va). Tengo que admitir que Teresa tiene razón en una cosa: Las mujeres me buscan. Pero la verdad es que no hay una que se compare con Teresa. ¿La viste? Digo, ¿realmente la observaste? Tiene un cuerpo que no se puede dejar de mirar. No hay otra muchacha en cientos de kilómetros que ni siquiera llegue a semejarse a lo bonita que ella luce. ¡Ay, ay! ¡Cuánto daría por estar a solas contigo! Hay noches en que solo deseo tomarla y... Algunas veces hasta me olvido de comer cuando ella viene a nuestro hogar. ¿Qué puedo hacer?"

—Alberto, ¿de quién estás hablando?

—Ah, Juan. Me asustaste. Disculpa, no oí cuando te acercaste. Estaba contándole a mi amigo acerca de Teresa. No puedo sacarme a esa mujer de mi mente.

—Despierta. Tú tienes todo lo que pudieras desear: Dinero, mujeres, un gran futuro. Sí quieres entradas para el campeonato nacional, solo déjaselo saber a tu papá y las tendrás. Sí quieres algún modelo de auto deportivo, en seguida es tuyo. Pero Teresa... de ninguna forma, ella es como una hermanita.

—Yo sé que parece una locura, pero Juan, yo encontraré la forma de estar a solas con ella.

—Finge que estás enfermo, pídele a tu papá que traiga a Teresa. Te estarás solo en tu cuarto, ya sabes qué hacer.

Eso fue lo que sucedió. Alberto fingió estar enfermo. Juan trajo a Teresa a su cuarto y luego se escabulló. Cuando Teresa se acercó él la empujó cerca de su pecho, sus dedos palpando los pechos de ella.

"¿Qué estás haciendo?, protestó Teresa tratando de apartarse. "No Alberto, no hagas eso conmigo. No te importa lo que yo siento. ¿Qué de tu papá?"

La única respuesta de Alberto fue apoderarse de la blusa de Teresa.

"Basta. Si no te importa por mí hazlo por ti. Podrías ir a la cárcel por esto. ¿Cómo se vería en los momentos de mayor presión en la campaña política las noticias de última hora dijeran: 'Candidato viola a su amiga de la infancia'? Piensa, no seas estúpido".

Alberto no escuchaba. Teresa perdió la parte de encima de la blusa rasgada, mientras Alberto la empujaba hacia la cama.

La violación no duró mucho tiempo.

Cuando todo estuvo consumado, Alberto la empujó hacia un lado y le dijo de un modo áspero: "Fuera de aquí".

"¡No!", gritó Teresa. Frenéticamente trató de cubrir su cuerpo con una sábana. "No puedes mandarme fuera de esta habitación y seguir con tu vida como si nada hubiera sucedido".

Alberto abrió la puerta, empujó a Teresa al pasillo y gritó: "¡Juan, sácala de aquí!"

La puerta se cerró dando un golpe seco y la cerradura se deslizó con su insensible sonido.

PIENSA EN ESTO

1. Escribe algunas palabras que describan a Alberto.

2. ¿Qué palabras describen a Teresa? ¿Estaba ella avergonzada por lo que le sucedió?

3. Alberto pensó que estaba enamorado de Teresa. ¿Estás de acuerdo? ¿Qué palabras utilizarías para describir sus sentimientos por ella al comienzo de la historia?

4. ¿Qué te dicen la Biblia a continuación con respecto a lo que Dios siente por ti?

    Por lo cual estoy seguro de que ni la muerte, ni la vida, ni ángeles, ni principados, ni potestades, ni lo presente, ni lo por venir, ni lo alto, ni lo profundo,

ni ninguna otra cosa creada nos podrá separar del amor de Dios, que es en Cristo Jesús Señor nuestro.
—Romanos 8:38-39.

MÁS PARA REFLEXIONAR

¿Conoces a alguien que fue violado o herido como resultado de una relación sexual? Escribe a continuación cómo esa persona se afectó por el suceso. (No emplees nombres, ya que es posible que desees compartir este libro con otras personas.)

uno
¿Amor o deseo?

ÉL HABLA

"Francamente hacer esto fue una cosa muy estúpida. Aquí estaba yo preparado para la vida. Tenía una carrera grandiosa por delante y yo la eché a perder. No puedo creerlo, perdí el control. Lo perdí todo por menos de una hora con una chica.

"Esto no es solo culpa mía. No fue realmente que herí a Teresa. Yo solo lo hice una vez. En lo que a mí se refiere, ya esto pasó. Pienso que debemos seguir adelante y olvidarlo todo. Pero no, Teresa puso en acción a su hermano, le contó todo. Ella le dijo que yo la había deshonrado. Después él se lo dijo a mi papá. Ahora su hermano no me habla ni a mí ni a mi papá. ¡Así son las mujeres! Ellas realmente pueden echarlo todo a perder".

Alberto nunca expresó que sentía remordimiento por lo que le había hecho a Teresa. Por un largo tiempo parecía como si Alberto iba a escapar de haber violado a Teresa. Incluso cuando su papá descubrió el problema no hizo nada fue hecho. Nadie habló de castigar a Alberto. Todos parecían pensar: "Sí, fue un desafortunado hecho pero esas cosas acontecen. Después de todo fueron los dos. Solo fue algo privado". Eso era lo que pensaba también Alberto.

Algunas personas podrían llamar a Alberto un "semental" o decir que él era un "macho" para descubrir su conquista de una mujer. Pero otras personas cuando oyeron la historia completa podrían preferir palabras como "imbécil" o "canalla".

Alberto probablemente podría haber usado la palabra "amor" para definir sus sentimientos hacia Teresa. Nuevamente, otros al escuchar toda la historia podrían haber escogido palabras como "capricho", "pasión" o solamente "deseo sexual".

¿Cómo podemos saber la diferencia entre amor y deseo cuando nuestras propias pasiones son despertadas? ¿Cómo puedes saber si lo que estás sintiendo es algo real o solo una fantasía pasajera causada por la excesiva actividad de nuestras hormonas en nuestro cuerpo?

1. ¿Es algo físico?

¿Qué fue lo primero que le atrajo a Alberto de Teresa? Su físico. Ella tenía un cuerpo hermoso.

Sabes, ser atraído físicamente por alguien del sexo opuesto no es malo. Yendo atrás al comienzo del mundo, un hombre llamado Adán fue atraído por una mujer llamada Eva desde la primera vez que la vio (¡Ellos estaban parados allí desnudos!)

Todos queremos un cónyuge que sea disfrutable al mirarlo. ¡Eso es normal! Puedes imaginarte que para saludar a tu esposo(a) antes tienes que virarte para controlar las náuseas que te produce solo mirarlo(a).

La apariencia física tiene cambios. Considera la foto de tus padres durante la enseñanza superior. ¿Has examinado sus fotos de la boda recientemente? ¿Ellos lucen iguales? Claro que no. El tiempo altera nuestra apariencia.

Tú luces muy bien ahora, pero si eres honesto tienes que admitir que siempre habrá alguien más joven y atractivo que tú quien aparecerá en escena. Si tu relación está enraizada solamente en la atracción física, tu relación será historia cuando alguien más atractivo que tú aparezca. Mientras la apariencia es un factor en la atracción de la posible pareja, ella es un fundamento inestable para una relación permanente.

El deseo está basado en atracción física únicamente y esa es nuestra primera pista para saber que Alberto no estaba enamorado de Teresa.

Hay otras pistas que nos dicen la diferencia entre deseo y amor.

2. *¿Es egoísta?*

¿Quién era Alberto cuando Teresa entró en su cuarto?

Primero, ¿cómo consiguió Alberto que Teresa fuera a su cuarto? Él le mintió a su padre al decirle que estaba enfermo. Engañó a su propio padre involucrándolo en su plan. Después Alberto engañó a Teresa. ¿Es esta una buena forma para comenzar una relación seria? Claro que no. Pregúntale a algún matrimonio amigo tuyo si usaron mentiras como una manera para impresionar a su pareja en la primera cita. El amor no necesita trucos, pero el deseo usa cada medio posible para obtener lo que quiere.

El deseo usa más que mentiras para conseguir su objetivo. Es propenso a usar la fuerza. Alberto contó con su gran fuerza física para vencer a Teresa. Todo es permitido en el deseo y la guerra. ¿No es así?

3. *¿Está funcionando el cerebro?*

Una vez que Teresa descubrió lo que estaba ocurriendo, trató de controlar la situación razonando con Alberto. ¿Él la escuchó? ¿Le dijo él: "Sí, Teresa, tú tienes razón. Esta es una idea muy estúpida. Vamos a tomar café y a olvidar que esto pasó"?

No. Aquí está un aspecto más para distinguir entre el amor y el deseo. El deseo tiende a hacer un cortocircuito en el cerebro. Es como si el cerebro mostrara una gran señal que anuncia: "No estoy funcionando hoy". Se pierde el sentido común. No se toma en cuenta las consecuencias a largo plazo. Quiero decir que violar a Teresa no fue lo que puedes llamar un paso favorable en la brillante carrera de Alberto.

4. ¿Es duradero?

Después de satisfacer su deseo por Teresa, Alberto la echó fuera. El deseo una vez que se ha logrado su meta cambia a otra cosa. Es de corta duración. Mi esposo y yo estamos casados hace más de veinte años. Él está enamorado de mí. Todo este tiempo conmigo es una de las formas en que yo sé que él me ama.

Entonces, para resumir, el centro de atención del deseo es yo egoísta. A Alberto no le importaron los sentimientos de Teresa, sino solo sus propios sentimientos. El deseo nunca lidia con el autocontrol, es el yo siendo controlado por el deseo.

No todos los chicos son iguales a Alberto. No todas las chicas son iguales a Teresa. Las jóvenes pueden ser dominadas por completo por el deseo tan fácil como los jóvenes varones. Mi esposo recuerda que cuando era soltero una muchacha lo persiguió por todo el terreno de la Universidad. La persecución resultó en que ella lo agarró por su chaqueta cuando él huía y los botones todos saltaron.

"Jemima" (no es su nombre real) era una muchacha joven que entró en mi oficina un día. No era su primera visita a nuestro centro de consejería para embarazadas. De hecho, ella estaba pidiendo su séptima prueba de embarazo. Todos sus exámenes hasta el momento habían sido negativos. En cada uno de ellos, el consejero la aconsejaba que considerara la abstinencia. Ahora ella estaba aquí de nuevo. Yo decidí ser más directa que usualmente.

—Jemima —le dije—, ¿estoy en lo cierto que tener relaciones sexuales con tu esposo podría ser una parte importante de tu matrimonio si estuvieras casada?

—Oh, sí. Tener buen sexo es importante para mí.

—Si estuvieras casada, ¿cuántas veces a la semana crees que tú y tu esposo tendrían relaciones sexuales?

Jemima me miró sorprendida.

—Bueno, yo creo que siete u ocho veces.
—Muy bien, vamos a decir ocho veces. ¿Cuánto tiempo tomará? ¿Media hora, veinte minutos, una hora cada relación sexual?

Nuevamente Jemima me miró asustada.

—Yo no sé, tal vez veinte o treinta minutos —respondió ella.

—Muy bien, vamos a ver. Ocho veces a la semana a treinta minutos, eso asciende a cuatro horas por semana. Jemima, ¿cómo tú emplearías el resto de tu vida de casada cuando no tuvieras sexo con tu marido?

Por primera vez, Jemima consideró seriamente mi punto de vista.

—Nosotros debiéramos dormir y comer.

Restamos las horas para dormir y comer y yo le di nueve generosas horas por noche.

—Bueno, probablemente debiéramos ir a trabajar —sugirió Jemima.

—Cierto, te voy a dar un tiempo extra. Vamos a quitar otras cincuenta horas por el trabajo.

Había todavía cuarenta horas de su semana que no fueron contadas. Por fin, Jemima estuvo lista para ver que una relación tiene que tener más que pasión para sobrevivir.

5. ¿Cuál es el resultado final?

En resumen, el resultado del deseo es dolor. Puede que el objeto del deseo sea quien quede herido, como Teresa lo fue. Pero muchas veces la persona quien pierde el control de su apetito sexual, acaba sintiendo dolor también.

Marcos era un apuesto y maravilloso muchacho. Cualquier entrenador de football podría saltar de alegría al tenerlo en el equipo. Él estaba estudiando en un programa de ingeniería en la universidad y como Alberto, su futuro parecía brillante antes que él violara a Teresa. Después que Marcos comenzó a tener relaciones íntimas con su novia, su pasión no pudo esperar hasta el matrimonio.

Cuando Marcos vino a hablar conmigo ya él se había dado cuenta de lo que había hecho. Él rechazó su breve episodio de necedad. Cuando su cerebro volvió a funcionar, él entendió el efecto de su acción. Pero a esa hora ya la chica estaba embarazada. Ella planeó hacerse un aborto. Marcos deseaba detenerla antes de que ellos cometieran el segundo error. Él estaba listo para responsabilizarse y enfrentarse a las consecuencias por sus actos.

Él prometió: "Dejaré la universidad, conseguiré un trabajo y me casaré con esa chica. Haré cualquier cosa, solo dígame cómo puedo evitar que se haga un aborto".

Sin embargo, no hubo algo que pudiera hacer. Legalmente él estaba incapacitado para proteger la vida de su hijo. Marcos se sentó delante de mí y las lágrimas corrían por su rostro.

Esto es solo un ejemplo del dolor que sigue al deseo.

FIJAR ELEVADOS VALORES

¿Qué dices? ¿Cómo puedes estar seguro de que lo que sientes es amor? ¿Cómo puedes evitar ser un necio(a) a causa del deseo?

Comienza haciendo una lista de todas las cualidades que tú estás buscando en una persona para que sea tu esposo o tu esposa. Antes de que tus hormonas cambien y mientras tu cerebro esté en su lugar, piensa en lo que estás buscando en tu pareja para toda la vida. Esta es una buena idea para saber si debes o no establecer una relación amorosa.

Deberías comenzar tu lista analizando tus amistades. ¿Qué cualidades son importantes para ti a la hora de escoger un amigo o una amiga?

Por ejemplo, imagina que tienes un secreto íntimo. Ahora supón que le dices ese secreto a tu amigo más íntimo. Esa persona te promete no contar nada, pero al día próximo todo el mundo está murmurando y señalándote a ti. "¿Oíste acerca de...?, se preguntan unos a otros. "¿Puedes creer que él hiciera algo tan tonto?"

Obviamente tu secreto está al descubierto ¿Cómo te sentirías con tu amigo? ¿Que es importante en una relación de amistad para ti? Confianza.

Imagínate que un compañero de la escuela divulgue un rumor de que tú copiaste el examen de matemática Créanlo o no, esta vez tú realmente estudiaste y lograrte la más alta puntuación. Ahora esta persona se encuentra diciéndole a todos que tú copiaste. ¿Qué es importante para ti en una relación de amistad? Honestidad.

¿Qué otras cualidades son necesarias? Continúa añadiendo a tu lista. Sé exigente, sé específico. Si tú solamente estás buscando a alguien con un pulso y sin que tenga verde sus dientes, no estás siendo exigente de manera suficiente. Mantén en mente que lo más alto que tú pongas tus valores, lo más que estás buscando a alguien por quien vale la pena esperar.

Quizá tú quieres a alguien con un buen sentido de humor. ¿A ti te gusta leer? ¿Necesitas a alguien con el cual puedas hablar sobre cualquier tema? ¿Estás interesado en deportes? ¿Serías feliz con una persona que se pasa sentada frente al televisor todo el día? ¿Qué tipo de padre o madre quieres para tus hijos?

Añade a tu lista las pequeñas cosas que son importantes para ti. Esto puede sonar absurdo, pero yo deseé un esposo que pudiera tocar piano porque para mí no era fácil aprender a tocarlo. Yo tenía la esperanza que mi esposo fuera más alto que yo (yo era más la pequeña en mi familia. Mi mamá era casi ocho centímetros más alta que yo y todos los hombres de mi familia miden más de un metro con ochenta centímetros.) También deseaba un esposo que fuera más inteligente que yo, eso haría más fácil para mí el respetarlo.

Estos asuntos pueden sonar caprichosos, pero yo los puse en mi lista de deseos. La lista no se cumplió al pie de la letra. Algunos de los incisos fueron negociables, yo fui flexible, pero mi esposo, Gene, sabe tocar piano, es más alto que yo y él consiguió la mejor puntuación en los exámenes para entrar a la universidad.

¿Es tu fe importante para ti? ¿Qué importancia tendría si estás saliendo con una persona que no va a la iglesia? ¿Qué sucedería si te casaras con esa persona? ¿Qué ocurriría cuando quieras ir a la iglesia el domingo de mañana y tu esposo o tu esposa quiera dormir? Supón que tu cónyuge quiera emplear su dinero en viajes al Caribe y desea comprar un auto deportivo. Tú por otra parte quieres dar tu dinero para un proyecto misionero. Los conflictos maritales surgirán cuando cuestiones como estas ocurran.

Si te casas con una persona con diferentes creencias a las tuyas, es como comenzar el matrimonio con una gran piedra entre tú y la persona que amas. Tú tienes que darle vuelta a esa piedra cada vez que necesites hablar de algo importante. Después de uno o dos años, cualquier persona se cansa de la caminata y abandona el esfuerzo. Él o ella se sienta y se niega a moverse. Tú puedes desentenderte de la piedra por un tiempo o la comunicación puede cesar de manera completa.

Si la persona que no está interesada en Dios se afirma en su propio lado de la roca, el cónyuge con fe tiene que caminar doble o más para comunicarse. La tentación será desistir de su fe y alejarse de la roca.

Es por eso que tener el mismo tipo de fe no era uno de los aspectos negociables de mi lista. Tener un esposo con quien yo pudiera compartir mi caminar en Cristo era algo esencial para mí. Pero yo era más específica que solo desear a alguien que compartiera mi fe. Deseaba a alguien con quien disfrutar el estudio de la Biblia, quien fuera entusiasta acerca de evangelismo y quien fuera versado en las Escrituras. Uno de las cosas que yo observé sobre cuando salimos fue que las personas siempre podían venir a Gene con temas espirituales profundos. Él encontraba inmediatamente respuestas para ellos en la Biblia.

Después de hacer tu lista, ¿qué tienes que hacer con ella?

1. Ora por ella

Pídele a Dios que te haga recordar las cualidades que deben ser añadidas. Quizás olvidaste mencionar que deseas a alguien que es responsable. El Señor puede traerte nuevas cualidades a tu mente. También puede ayudarte a indicar prioridades en tu lista entre los aspectos negociables y no negociables. ¿Dónde podrás ser flexible y dónde no? A Dios le place ayudarnos a tomar grandes decisiones. Él está más ansioso que tú para ayudarte a escoger tu futuro esposo(a) para toda la vida.

2. Mantén tu lista al alcance de tu mano

Pon la lista en un lugar donde puedas chocar con ella con regularidad. Llévala en tu cartera, ponla en el parabrisas de tu auto donde puedas verla. Antes de planear una cita, léela y ve si la persona con la que vas a salir está de acuerdo con la medida de tus valores. Después de la cita, repasa las impresiones que tuviste con tu lista. Ahora que conoces a la persona mejor, ella o él ¿están de acuerdo con el ideal que te has trazado?

3. Pon a Dios en primer lugar

Recuerda que nadie como Dios será perfectamente confiable, sensible y estará allí cuando tú lo necesites. Solo Dios puede llenar ese papel. Mientras esperas que Dios te dé la pareja de tus sueños para compartir tu vida, desarrolla una íntima relación con Dios y aprende a apoyarte en Él y conocerlo mejor.

Antes de casarme, estaba satisfecha con ser soltera. Estaba contenta con el trabajo que Dios me había dado a realizar. Él tuvo un excelente cuidado conmigo. En realidad, yo estaba tan a gusto siendo soltera que cuando mi esposo me pidió que nos casáramos le dije que no. A pesar de esto, el Señor usó mi lista como una forma para confirmar que Gene era el plan de Dios para mi vida. Mi lista, creada mucho tiempo antes de que Gene me propusiera matrimonio, era muy específica y Gene satisfacía esos criterios (¿Tienes la certeza que amo a mi esposo? Claro que sí. Estoy muy agradecida a Dios por haberme mostrado que Gene era el hombre que Él quería para mí.)

Tu lista es algo que te ayudará a percibir la diferencia entre amor y deseo. Alberto no amaba, él deseaba a Teresa.

PIENSA EN ESTO

1. Haz tu propia lista de las cualidades que deseas en tu pareja. Recuerda: Sé exigente.

2. Entrevista a dos parejas respetadas por ti. Pregúntale a cada una que piensan que es lo más importante en su relación. Considera añadir esas cualidades a tu lista, si no están ya en ella.

3. Usando los números del 1 al 10 (siendo el 1 la más baja prioridad y el 10 la máxima) establece la prioridad de cada punto en su lista. Por ejemplo, "confianza" y "compromiso" pudieran ser cada una un 10, "sentido del humor" pudiera ser 8 y "disfrutar de jugar" pudiera ser solo 5.

4. Si estás saliendo con alguien, compara esa persona con lo que tú estás buscando para tener una relación de por vida. ¿Es él o ella como mi lista de valores establece? Si no, pregúntate si deseas seguir invirtiendo tiempo en una relación que no estás cumpliendo tus metas a largo plazo.

5. ¿Cómo Dios evalúa lo que tú más deseas en una relación? ¿Es Él confiable? Usa una concordancia bíblica para encontrar los pasajes de la Biblia que mencionan las cualidades en tu lista.
    Por ejemplo: Compromiso.

he aquí yo estoy con vosotros todos los días, hasta el fin del mundo. Amén.

—Mateo 28:20

Y hasta la vejez yo mismo, y hasta las canas os soportaré yo; yo hice, yo llevaré, yo soportaré y guardaré.

—Isaías 46:4

Todo lo que el Padre me da, vendrá a mí; y al que a mí viene, no le echo fuera.

—Juan 6:37

MÁS PARA REFLEXIONAR

Usa el espacio a continuación para que escribas acerca de una persona que conoces y que enfrentó dificultades cuando tuvo sexo con su novia o su novio. (Te sugiero que no pongas sus nombres, ya que quizá quieras que un amigo lea este libro.)

De la vida real

Kyle Brady, jugador de la Liga Nacional de Fútbol (*NFL*)
con los *New York Jets*

CUANDO KYLE BRADY COMENZÓ la escuela secundaria estaba practicando fútbol. No pensaba mucho sobre Dios. Él estaba muy ocupado con las chicas. Un gran cambio se produciría cuando se graduó de la Penn State y se convirtió en uno de los diez mejores jugadores de la Liga Nacional de Fútbol en el año 1995.

"En mi primer año de la escuela secundaria me convertí en activo sexualmente porque ya todos los demás lo eran. Mis amigos me decían que me lo estaba perdiendo. Yo estaba curioso".

Esa relación no fue la última. Para su último año en la escuela secundaria ya tenía otra novia. "Nos decíamos que nos amábamos. Estábamos tomándolo muy en serio, pero nuestra relación era solo física".

Kyle fue para la universidad y se encontró con compañero de cuarto que era cristiano. Mientras este último leía la Biblia, Kyle se iba de fiesta. Pensaba Kyle: *La Biblia es un libro antiguo. No tiene importancia alguna para las personas jóvenes hoy día.*

Kyle y su compañero de cuarto jugaban en el mismo grupo del campeonato en Penn State. Poco a poco la atención de Kyle se fue fijando en la fe de su compañero de cuarto. Después de hacerle muchas preguntas, Kyle puso su fe en Cristo.

"Algunas personas cambian de la noche a la mañana, pero yo era terco. Mi relación con esa muchacha estaba fuera de control. Yo no le era fiel y más tarde descubrí que ella tampoco había sido fiel conmigo. No había confianza. Al mismo tiempo yo leía la Biblia y aprendí que Dios nos manda que seamos puros".

Finalmente, Kyle terminó la relación. "Ambos estábamos incómodos, pero cuando rompí con esta relación sentí un alivio. Ahora sé que el amor real no es solo físico. Es mucho más que eso, conlleva sacrificio".

Desde ese momento, Kyle, escogió esperar hasta el matrimonio para tener sexo. "Los recuerdos de lo que hice son como cicatrices. El sexo parece ser bueno pero al final te quema a ti mismo".

Hoy los admiradores gritan frenéticamente cuando el equipo de Kyle lleva la bola en el campo, pero en Cristo, él dice que ha encontrado "algo mucho más real".

dos
No tienes que ser violada

ELLA HABLA

—¿CÓMO PUEDES DESCRIBIR un dolor tan profundo que parte tu corazón en dos?

—Después que Alberto me empujó fuera de la habitación, caminé por el pasillo y salí de su casa. Estuve paralizada por horas. En casa recuerdo que tome una ducha por largo rato, pero nada parecía lavar mi herida. Finalmente fui donde estaba mi hermano Samuel. Yo no podía hablar, así que él me abrazó y esperó a que terminara de llorar.

"No pude decirle lo que Alberto me había hecho, pero Samuel se imaginó lo sucedido. Se puso muy furioso, pero me dijo que no había de qué preocuparse, que yo no era culpable y que él sabría cómo manejar la situación. También me dijo que me mudara con él un tiempo y así esa situación no se repetiría. Estaba tan exhausta de llorar que me sentí bien al tener a alguien a cargo de la situación.

"Más tarde otros sentimientos comenzaron a reemplazar con los que sentí al principio. Me sentí humillada. ¿Cómo Alberto pudo usarme de esa forma? Después comencé a dudar de mí misma. ¿Lo dejé actuar haciéndole pensar que yo deseaba tener sexo?

"Antes pensaba que podía confiar en un amigo que conocía de toda mi vida. Ahora no sé si puedo confiar en alguien.

"Estaba enojada con Alberto, pero también con Dios. En esta ocasión no estaba segura ni siquiera de Dios. ¿Es Él realmente tan poderoso y bueno como todo el mundo dice? Siempre lo serví fielmente y ahora me sucedió esto. ¿Qué hice para merecerlo? ¿Es Dios justo? ¿Dónde estaba a Dios cuando Alberto me violó?

"Sentí como si Alberto me hubiera robado todo lo que era importante para mí: La paz de mi mente, mi virginidad, mi habilidad de confiar en las personas, mi relación con Dios. Ahora todo es un gran desastre. No sé si las piezas volverán a unirse nuevamente".

La violación es un acto violento. Con rapidez Teresa descubrió que ese suceso involucró más que la violencia física. Tocó cada aspecto de su vida y la dejó sintiéndose vulnerable. Ahora ella teme entablar cualquier relación con un hombre.

No tienes que ser violada para experimentar sentimientos iguales a los de Teresa. Cada día de la semana, jóvenes aterrorizados vienen al centro para ayudar en las crisis donde trabajo. Las chicas están temerosas de estar embarazadas. Los chicos temen haber contraído una enfermedad de transmisión sexual. Todos ellos por igual se encuentran sumergidos en el quebrantamiento emocional de la intimidad sexual. Se sienten usados.

"María" vino un día para una prueba de embarazo. Había tenido relaciones con su novio. El fin de semana antes de su cita médica, su novio estuvo caminando por la zona donde ella trabaja con otra muchacha de la mano. Él la abrazaba y la besaba.

¿Puedes imaginarte lo que sintió María cuando vio a su novio actuar de esa manera? El mar agitado sería suave para comparar la tormenta de emociones que vinieron a su corazón. Describe la traición de él con gran amarga e ira.

—Es como si la confianza fuera realmente importante para ti en una relación —le respondí después de haber escuchado su historia.

—Créalo —me dijo ella vehementemente—, si no puedo confiar en el chico con el que estoy saliendo, entonces no hay relación.

En el caso de María no hubo violación. Su novio y ella habían tenido intimidad física en su relación. Cuando la confianza se perdió, ella estaba herida y los sentimientos de haber sido usada fueron tan reales como si hubiera sido violada.

—María, ¿puedo hacerte una pregunta? Supón que dos muchachos quieren casarse contigo. Uno ha sido sexualmente activo y el otro es aún virgen. ¿A cuál de ellos escogerías para casarte?

Solo María necesitó un momento para responder.

—Escogería al que es sexualmente activo. Él tiene experiencia —me respondió.

Su respuesta no me sorprendió. Había oído esto muchas veces antes de otros jóvenes.

—Déjame preguntarte lo mismo desde otro ángulo: Los mismos dos hombres. Uno de ellos ha escogido esperar para tener sexo hasta el matrimonio. El otro ha dormido con varias mujeres: ¿En cuál de ellos confiarías más que se mantendrá fiel después del matrimonio?

Esta vez tardó un largo rato para que María escogiera. Me sentí como un neurocirujano que observa sus tumultuosos pensamientos. Fue como si una sinapsis cerebral ocurriera por vez en su cabeza. Por último una gran sonrisa apareció en el rostro de María.

—Ya entiendo lo que quiere decirme —respondió ella. Entiendo lo que está diciendo, y aunque no me gusta hacerlo, admito que tiene razón. Sería mucho más difícil confiar en un hombre que estuvo con más de una mujer.

Sería mucho más difícil confiar en él, pero no imposible. El novio de María se acostó con ella y después, cansado de ella lo hizo con otra. Y cuando estuviera suficiente tiempo con la segunda probablemente, iría a buscar a otra.

María continuó: "Aun si él se casara conmigo, es difícil estar segura de que cuando se canse de mí, no busque a otra mujer. No estoy segura de que pueda confiar en él".

¿POR QUÉ ES TAN IMPORTANTE EL AUTOCONTROL?

El anillo de bodas no es como un collar de perro electrónico. No electrifica al esposo cada vez que mira a otra mujer, ni mantendrá a la esposa en sus límites.

Ni todos los hombres apuestos ni las mujeres atractivas desaparecen de la faz de la tierra cuando el anillo de bodas se pone en el dedo. Las tentaciones continúan después del matrimonio. Las mujeres pueden considerar al hombre casado más maduro o interesante (en otras palabras: Atractivo), que el hombre soltero que ellas conocen.

No hay botón mágico en el certificado de casamiento que cuando tú lo presionas, de repente, ya tienes autocontrol.

El autocontrol sexual es algo que tú practicas antes y después del matrimonio. ¿Tu jugador preferido de baloncesto consiguió un contrato con la *NBA* (Liga Nacional de Baloncesto) al marcar apenas unos pocos puntos y colar el balón por la cesta? No. El practicó por años para desarrollar el control del balón. Cuando finalmente firmó el contrato con la *NBA*, él ya tenía las habilidades necesarias para responder al contrato. Si tú haces del autocontrol sexual un hábito cuando aún eres soltero será natural que continúes después del matrimonio. El autocontrol sexual es la evidencia que tú tienes lo necesario para ser digno de confianza.

"¿Quiere decir que debemos tener autocontrol después del matrimonio también?" Sin duda. ¿Dejó de practicar el jugador de baloncesto solo porque obtuvo un contrato con la Liga Nacional?

"Pensaba que después de casarme los problemas se acabarían. Después de todo, puedes tener sexo con tu cónyuge cada vez que quieras".

Sí, hasta cierto punto eso es verdad. Pero ¿has pensado que una vez que te cases no estarás con tu cónyuge cada momento del día? Tarde o temprano uno de ustedes tendrá que ir al supermercado. Tú irás a trabajar. No necesitas practicar la confianza cuando están juntos todo el tiempo. La pregunta crucial es: ¿Qué le pasará a la confianza cuando estén en lugares distintos?

Cuando un joven se casa su corazón late a toda velocidad cuando una joven en bikini se pasea sin prisa por su lado. No importa cuán fiel él sea a su esposa, sus hormonas se van a estimular. Si él nunca aprendió como controlar sus deseos antes del matrimonio cómo puede desarrollar el autocontrol en cinco minutos en la playa.

¿Cómo sabes que tu esposo no está saliendo con las secretarias en el trabajo? ¿Estás seguro de que tu esposa te está siendo fiel durante su viaje de negocios? Si viajas por el océano en una operación militar, ¿te gustaría saber que tu esposa o tu esposo está esperando por ti hasta que llegues a casa? Conocer que tu cónyuge practicó autocontrol antes del matrimonio hace más fácil que creas que él o ella pueden controlar las tentaciones cuando estés lejos.

Quizá nunca has pensado acerca de las realidades prácticas de los últimos meses de embarazo. Tener relaciones sexuales con tu esposa a los nueve meses de embarazo es incómodo e inoportuno. Y después que el bebé nace se necesitarán de cuatro a cinco semanas para que la mujer esté en condiciones de tener sexo de nuevo porque su cuerpo necesita tiempo para reponerse. ¿Cómo tu matrimonio sobrevivirá dos meses sin tener sexo?

Uno de ustedes pudiera enfermarse. Mi amiga Ange se casó con Bob. El año pasado, Bob tuvo que ser hospitalizado para una cirugía de emergencia. Todo se complicó. Su apéndice estaba hinchada, lista para reventar. Algo de la infección se esparció por toda la cavidad abdominal. Tomó varias semanas para que los médicos pudieran controlar la infección y darle de alta del hospital. ¿Estuvo Ange en el hospital todo el tiempo vigilante de Bob? No. Ella tuvo que irse a casa a cuidar de los niños. Enganchado a varios tubos en el hospital, Bob tuvo que confiar que su esposa le sería fiel.

¿Tienes tú el autocontrol sexual necesario para un largo período de tiempo? Una forma de saber si tú tienes ese tipo de control es practicarlo antes del matrimonio.

¿SATISFAGO MIS PROPIAS EXPECTATIVAS?

En el primer capítulo, te sugerí que hicieras una lista de cualidades que tú pudieras valorar en tu futuro cónyuge. Te insté a poner altos valores. Toma la lista en tus manos una vez más. Mira con detenimiento para ver si tú satisfaces esos patrones. ¿Estás dispuesto a ser completamente honesto? ¿Estás enfrascado en lograr esos valores en ti mismo? Esto es importante. ¿Eres digno de confianza?

La confianza es una calle de doble sentido. Necesitas saber que tu cónyuge será fiel a ti. Pero él o ella necesita pruebas de que eres digno de confianza cuando llegue la hora de resistir la tentación.

Si no has tenido relaciones sexuales, has mostrado que puedes resistir a la presión. ¡Adelante!

¿Y SI YA TUVISTE SEXO?

¿Y si ya has sido activo(a) sexualmente? Quizás has escogido ser sexualmente activo. Quizá fuiste forzado a tenerlo como Teresa. ¿Significa esto que todo está perdido? Quizá te estás preguntando: "¿Cómo alguien puede confiar en mí si eché a perder mi vida teniendo sexo en el pasado?"

¿Deberíamos ponerte como mercancía barata, tal como hacen con las latas golpeadas en el supermercado? ¿Qué esperanza hay para ti?

¡PUEDES CAMBIAR!

Déjame hacerte algunas preguntas. ¿Alguna vez has mentido? (Si tu respuesta es no, probablemente estarías haciéndolo ahora.) El hecho de que hayas mentido algunas veces, ¿significa que ya nadie puede confiar en ti? ¿Significa que tienes que continuar mintiendo por el resto de tu vida? Claro que no. ¿Cómo puedes conseguir que confíen en ti? Debes dejar de mentir.

¿Alguna vez robaste algo cuando eras un niño? Quizás algún dinero desapareció de la cartera de tu mamá o quizás un caramelo misteriosamente desapareció de la gaveta donde tu mamá lo colocó. Solo porque una vez robaste algo, ¿significa que debes continuar robando? ¿Necesitas convertirte en un ladrón profesional?

Quizá fuiste sorprendido y descubriste las consecuencias negativas de tu acto. Fallaste y decidiste cambiar. Te estás moviendo en una nueva dirección.

Terry es otro amigo mío. Él está a cargo de un centro urbano para jóvenes adolescentes. Cuando Terry era todavía un adolescente estuvo en la cárcel por robo. Un día, después de haber contado la historia de su vida a los jóvenes en su centro, él le preguntó a ellos: "Ahora que saben que yo fui un ladrón convicto, ¿confiarán en mí para llevarme a sus casas? ¿Pudieran confiar que no les voy a robar el dinero de sus carteras?"

"Claro que confiamos en ti", dijeron los jóvenes sin vacilar. "Tú no eres más lo que fuiste antes".

Ellos estaban en lo cierto, Terry había cambiado.

Muchos jóvenes están haciendo exactamente eso con su comportamiento sexual. Han parado de tener sexo y se están guardando para el matrimonio. Tú también puedes hacerlo. Nosotros lo llamamos de "virginidad renovada".

Muchos de los clientes que vienen a los centros de maternidad son jóvenes que crecieron en la iglesia. Ellos han sido lastimados y heridos por su comportamiento sexual en el pasado. A ellos no les gustan las consecuencias de sus acciones. Se sintieron tan atractivos como una goma de mascar bien mascada. Si te has sentido usado(a), no estás solo(a).

1. *Arregla las cosas con Dios.*

El punto de cambio comienza al buscar el perdón de Dios y la sanidad del pasado. Dios se especializa en hacer nuevas criaturas de materiales usados.

Cualquiera sean tus circunstancias, Dios puede sanar tu pasado. Quizá tú eres quien inició la intimidad física y ahora estás llevando la carga pesada de remordimiento. Este peso te deprime y te hace sentir que no vales nada. Quizá fuiste la víctima y llevas una gran carga de ira.

"Nancy" recuerda: "En mi estilo antiguo de vida no pensaba que valía la pena esperar. En lo más profundo de mi ser, en mi subconsciente, nunca creía que un hombre pudiera estar conmigo sin ningún interés sexual".

Nancy comenzó a explicarme que cada vez que tenía una cita, la relación se deterioraba. "No puedo explicarlo, pero todo lo que sé es que cada vez que yo no hacía algo necio, algo pasaba. No podíamos volver a lo que éramos antes de que la intimidad ocurriera".

"Minerva" siempre planeó esperar para tener sexo hasta el matrimonio. Antes que fuera a la cama con su novio la primera vez, ella se dijo a sí misma: "No es algo tan importante". Años más tarde ella confiesa que realmente era importante y que se siente aún herida.

Habla francamente con el Señor, déjale abrir la mochila que has estado cargando y permítele remover cada cosa dentro de ti. Pídele que te limpie y luego déjale esa pesada carga a Él.

2. Haz un compromiso de esperar.

Decide que vas a esperar para tener sexo desde hoy hasta el día en que te cases.

Molly Kelly les habla a jóvenes de ambos sexos por todo el país acerca de la castidad. Ella les pregunta: "Si has derrochado todo tu dinero, ¿qué tienes que hacer? Comenzar a ahorrar de nuevo. Si alguna persona te ha robado todo dinero, ¿qué tienes que hacer? Comenzar a ahorrar dinero de nuevo. Esto es lo mismo que "virginidad renovada". Si dejaste que tu virginidad se perdiera o si alguien te la robó, tienes que comenzar de nuevo. Y como dinero en el banco, se convertirá de nuevo en algo de valor y también comenzará a ganar intereses.

Uno de los beneficios de comenzar de nuevo y esperar hasta el matrimonio es que te da tiempo para que tus emociones se sanen y se apaguen tus recuerdos.

Imagínate que estás recién casado. En tu noche de boda disfrutas de la intimidad sexual con tu cónyuge. Súbitamente te vienen a los recuerdos de la última persona con la que estuviste. Esos recuerdos son la última cosa que tú deseas en la cama contigo en tu noche de bodas. Esos recuerdos te hace comparar esta noche con otras noches, tu cónyuge con otras personas. ¡Zas! Se destruye la intimidad.

Aunque tus propias experiencias con otras personas en el pasado se pierden en el tiempo, si tú conoces que tu cónyuge fue sexualmente activo hace poco tiempo con otra persona, te preguntas si estás a la altura de las relaciones sexuales que él o ella han tenido en el pasado. Qué te parece si tu esposa te dice: "Estar contigo fue casi tan bueno como cuando estuve en la cama con Esteban".

No es agradable ser comparado. La intimidad sexual, la cual Dios designó para unir profundamente a dos personas, se vuelve algo que separa a causa de los celos, la ansiedad, la ira y la competencia.

El esperar al menos un año entre tu compromiso de renovar la virginidad y tu matrimonio, permite que estos recuerdos se apaguen. Te da tiempo para demostrar que tienes control de tus deseos. Esta espera te da tiempo para que se renueve la intimidad sexual.

"Julia" es una joven que ahora va a las escuelas conmigo para hablarles a los jóvenes de ambos sexos acerca de esperar hasta el matrimonio para tener sexo. Antes que comenzara a trabajar conmigo, Julia empezó a tener relaciones sexuales con su novio. Ellos fueron sexualmente activos por dos años antes de casarse. Un niño llegó diez meses antes del gran día de la boda.

—Mi boda fue terrible —recuerda ella.

—Julia —repliqué—, yo estaba en la iglesia. Fue una boda muy bonita. ¿Cómo puedes decir que fue terrible?

—Tú nos viste sonreír y saludar cuando salimos de la iglesia bajo una lluvia de arroz. Pero lo que no viste fue cuando paramos el auto cuando dimos la vuelta. Yo salí del auto y corría hacia la iglesia para recoger al niño. Luego nos fuimos a nuestro apartamento. No teníamos dinero para nuestra luna de miel. Como sabes, estaba embarazada de nuevo. Todo nuestro dinero fue para pagar pañales, alimentos y gastos del bebé. Ni siquiera teníamos dinero para pagarle a alguien que nos cuidara el niño en la noche de bodas.

"Cuando llegamos a casa, la primera cosa que hicimos fue poner el bebé para dormir. Entonces hicimos nuestras cosas de luna de miel. No hubo algo especial en el sexo la primera noche después de casados. Ni campanas, ni silbidos. Era como si cada momento ya lo hubiéramos vivido en el pasado.

"Descansamos un rato. Después abrimos unos pocos regalos de bodas. Más tarde unos amigos nos visitaron. Todos fuimos a comer fuera y después regresamos al apartamento y vimos una película... en nuestra noche de bodas".

Esa noche Julia lloró para dormir. Como ella dijo: "Aquella noche había sido decepcionante. Me di cuenta de que tuve mi luna de miel dos años antes de mi boda".

En contraste con la historia de Julia está la de otra estudiante de la universidad. La llamaré Cristina.

Como Julia, Cristina era sexualmente activa antes de casarse. Ella tuvo sexo mientras estudiaba en el liceo. Cristina nunca quedó embarazada ni contrajo alguna enfermedad de transmisión sexual, pero se sentía herida cada vez que se rompía una relación.

Después de terminar la preparatoria, Cristina decidió convertirse en una "virgen renovada". Tres años más tarde conoció un hombre maravilloso que le pidió que se casara con él. También él había sido sexualmente activo, pero como Cristina, había tomado la decisión de esperar para tener sexo hasta el matrimonio. No fue fácil para estos dos jóvenes mantener el dominio propio durante el año que estuvieron comprometidos. Cristina sabía dónde tocar a su novio para despertarlo. Ella tuvo cuidados con sus manos. Él conocía que sus palabras tenían un efecto poderoso sobre Cristina. Se sentaron juntos y escribieron un contrato de cuán lejos podrían ir y cómo se comportarían en determinadas situaciones. Después de firmarlo, ellos se mantuvieron firmes en el pacto que habían hecho.

Más tarde, después del casamiento le escribí a Cristina y le pregunté sobre el día de su casamiento. ¿Valió la pena esperar?

Cristina me envió una entusiasta carta. Ella dijo que su noche de nupcias fue maravillosa. Que cada cosa que ella esperaba, aconteció. "Yo pensé que había tenido una gran pérdida cuando estaba en el liceo. Pensé que el sexo nunca más volvería a ser especial. Estaba lastimada. Pero después de esperar este largo tiempo, los recuerdos desaparecieron y las heridas sanaron.

"En el hotel en nuestra noche de bodas, miré a mi esposo y supe que podía confiar que él me sería fiel. Supe que me respetaba por haber esperado tanto tiempo".

Le escribí una vez más para pedirle una copia de su contrato para usarlo con los estudiantes en las escuelas. Cristian me respondió: "No le puedo mandar el contrato. Una de las cosas que hicimos en nuestra noche de bodas fue cuando tomar el contarlo (cada uno por un lado) y quemarlo en nuestro cuarto del hotel. Sabíamos que no íbamos a necesitar más ese papel".

Eso es virginidad renovada. Es una opción para cualquiera, hombre o mujer, que ha sido sexualmente activo fuera del matrimonio. No me mal interpretes. Esta virginidad renovada no es fácil. Hace falta mucho valor para hacer este tipo de compromiso y mantenerlo. Hablaremos acerca de cómo mantener el compromiso de una virginidad renovada en uno de los siguientes capítulos. Pero admítelo, tú seguro admiras a alguien que hace una promesa como esta y la cumple. Tú la respetas y confías en él o ella.

¿Te acuerdas de Teresa, nuestra historia al comienzo del libro? Ella nunca oyó acerca de "virginidad renovada". Estaba desolada por haber sido violada y rota su confianza. Ella nunca se casó. No es tarde para ti. Ahora sabes que puedes comenzar de nuevo.

PIENSA EN ESTO

1. Piensa en algunas personas en quienes tú confías. ¿Qué te hace confiar en ellos? ¿Por qué?

   _____
   _____
   _____

2. Imagina tu noche de bodas. ¿Cómo puedes hacerla diferente de cualquier otra noche?

   _____
   _____

3. ¿Qué pudiera ocurrirle (emocional, física o espiritualmente) a una persona que se niega a aceptar el perdón de Dios por algo que él o ella hizo en el pasado?

   _____
   _____
   _____

4. ¿Qué te dice el siguiente pasaje bíblico acerca de la capacidad de Dios para hacerte nuevo o nueva?

   > De modo que si alguno está en Cristo, nueva criatura es; las cosas viejas pasaron; he aquí todas son hechas nuevas.
   >
   > —2 Corintios 5:17

   _____
   _____
   _____
   _____

5. Una joven madre soltera me dijo: "Yo preferiría estar sola que bajar mis patrones nuevamente".

   Si tú te quedas solo y nunca te casas, como Teresa, ¿valdría la pena no tener sexo solo para evitar ser más herida?

   _____
   _____
   _____
   _____

MÁS PARA REFLEXIONAR

Escribe algunas frases con respecto a alguien conocido por ti quien se volvió sexualmente activo(a) antes de casarse y enfrentó algunas inesperadas consecuencias.

_____
_____
_____
_____

De la vida real

Andy Landis, cantante cristiana de música *country*

A LAS 9 DE LA MAÑANA DEL 22 de abril tocaron a la puerta interrumpiendo el desayuno de Andy. Envuelta en su bata roja, con su cabello todavía despeinado, se debatía en sí abría o no la puerta. Pero al observar a través de la mirilla reconoció a un amigo con quien había salido unos meses atrás...

Andy no pensó dejar cerrada la puerta, él no era un extraño después de todo. Pero después de permitirle entrar para tomar una taza de té, ella sintió un escalofrío de terror que la envolvía. Sus instintos estaban en lo cierto. Con rapidez él la lanzó contra el sofá y la violó.

"¿Cómo podía imaginarme que él iba a hacer lo que hizo?", dice Andy. "Más tarde fui a trabajar, aparentando que nada había pasado. Por alguna razón, sentí que la violación era culpa mía, así que no le dije a nadie lo que había sucedido".

Seis años pasaron y Andy mantuvo su secreto. Una compañía discográfica comenzó a negociar un contrato con ella.

Un contrato fue firmado y entre los artistas que se unieron a Andy estaban Twila Paris y Ricky Skaggs. Andy estuvo de acuerdo en hacer el álbum solamente con la condición de que se le permitiera grabar "No", la canción que había escrito sobre su violación. Aquí está el coro:

No, no, yo quiero irme
Ella dice: No, no, eso no es amor
Ella dice: No, no, tengo que huir.
Pero él no la escucha.
Su mano estaba tapando la boca de ella.

"La primera estrofa es sobre una cita que termina en violación", dice Andy. "Describe a una pareja besándose fuera de control en el asiento trasero de un auto. La segunda es sobre la violación sexual por un extraño. Son muy distintas porque una cita que termina en una violación puede dañar tu capacidad para confiar en amigos".

La autoimagen es otra cosa que es dañada por la violación sexual. Andy expresa: "Si nosotros dejamos que nuestra autoestima sea hecha pedazos y lanzada a la calle, especialmente en el área masculina por citas y tener sexo, esto nos afectará por el resto de la vida".

Afirma Andy: "Si piensas que has encontrado al joven perfecto para ti, entonces espera. Si piensas que él es el hombre para tu futuro, entonces no debes tener citas con él. Y créeme, sé que eso es difícil de resistir. Pero debes creer en lo que el Señor ha planeado para tu vida. Permite que Dios, no algún muchacho de la clase de matemáticas, influya sobre tu vida.

"El Señor nunca nos pide que hagamos algo que al final no tenga una recompensa", dice ella. "Él no nos está pidiendo que esperemos para que nos marchitemos y muramos. Y si el premio final no es un esposo, tendrás alguna otra recompensa por haber seguido el plan de Dios para tu vida".

De "No Stranger to Fear" [Ningún extraño que temer], por Susan Maffett, revista *Brío*, julio de 1995, publicada por *Focus on the Family* [Enfoque a la familia]. © 1995 por *Focus on the Family*. Todos los derechos reservados. Derechos de autor asegurados internacionalmente. Usado con permiso.

tres

¿Y si papá y mamá me descubren?

UN PADRE HABLA

"Cuando el hermano de Teresa me dijo lo que mi hijo Alberto había hecho, me pareció como si una avalancha me cayera encima. Recuerdos tras recuerdos vinieron a mí. Los primeros me dejaron atónito. Después la carga se hizo tan pesada que no me dejaba respirar.

"¿Me dirás que cualquier pariente se sentiría abrumado por las circunstancias? Tienes razón. Estaba indignado. Me sentí ultrajado porque mi hijo había violado una joven que había conocido toda su vida. No podía creer que esto había pasado en mi casa.

"Pero mucho más estaba envuelto en la situación. Cosas que pensaba había dominado y dejado en el pasado, de repente me golpearon con toda su fuerza.

"Tú sabes, hace algunos años también herí a una mujer como Alberto lo hizo. Ella no era una antigua conocida, sino una mujer casada. De realidad, ella era la esposa de uno de mis socios más cercanos. Cuando su esposo salió del pueblo por unos dos meses, yo la forcé a tener relaciones sexuales conmigo. Ese incidente se convirtió en una de las peores pesadillas de mi vida.

"Antes que el esposo regresara, ella me avisó que estaba embarazada. Ya que soy una figura pública bien conocida, tenía que mantener esto fuera de los medios noticiosos. Hacerlo fue más difícil para mí que cualquier crisis militar que había enfrentado antes.

"Traté de engañar a su esposo haciéndole pensar que el bebé era de él. Como esto no funcionó, tuve que planear esconder la historia. Como su oficial superior, lo designé para que dirigiera una campaña militar. Nadie dijo nada cuando él murió dirigiendo a sus hombres en el combate. Poco tiempo después yo me casé con la esposa de él y reconocí al niño.

"Pensé que esto sería el fin de todo. Nadie sabía, pero Dios sí sabía. Aunque yo pensaba que la crisis estaba terminada, Dios sabía mi secreto y me lo recordaba incesantemente. Noche tras noche, los recuerdos de lo que había hecho me oprimían. Me despertaba sobresaltado.

"Entonces el bebé se enfermó. Todo había salido tan... bien, pero supe entonces que Dios no me dejaría escapar de lo que yo había hecho. Hice todo lo que pude, pero el bebé murió. Dos cosas se convirtieron en fantasmas de mis sueños en lugar de una sola: La muerte de mi amigo y la muerte de mi hijo.

"¿Ahora ya comprendes por qué mi mente giró en torbellino por la noticia de que Alberto violó a Teresa? Todos estos recuerdos resurgieron. ¿Cómo yo podía acusar a Alberto por lo que había hecho cuando yo mismo era culpable de algo similar? ¿Cómo podía acusarlo cuando yo no solamente violé a la mujer sino que también fui cómplice de un asesinato?"

El papá de Alberto descubrió que algo que ocurrió en su pasado podría aparecer de nuevo en su vida cuando él oyó que Alberto había violado a Teresa. ¿Cómo podía su padre acusar a Alberto por lo que él mismo había hecho? ¿Cómo podía castigar a Alberto sin condenarse a sí mismo?

El papá de Alberto había visto a su hijo morir. Si Alberto era condenado a prisión, sería como perder a otro hijo. Pero aún era que posiblemente Alberto conocía acerca del pasado de su padre. Él era lo bastante mayor para recordar aquel incidente. Si el caso de Alberto se iba a juzgar, entonces todo lo que su padre había tratado de esconder se iba a descubrir.

Así que, el papá de Alberto no hizo nada. Su ira hirvió pero se encerró muy dentro de su corazón.

La pasión sexual es difícil de controlar y también sus efectos posteriores. Lo que Alberto le hizo a Teresa a puertas cerradas produjo odio en él y pena en ella, pero también una reacción en cadena ocurrió y afectó a sus familiares y amigos. El papá de Alberto se horrorizó al ver esos efectos desgarradores posteriores de su propia pasión sexual del pasado.

Si tienes relaciones sexuales con la otra persona en tu cita amorosa, ¿cómo esto puede afectar a tus padres?

Supón que la prueba de embarazo que te hiciste dio positiva. O que tu novia te llama para decirte que está embarazada y tú eres el padre. ¿Cómo se lo dirás a tu mamá? Imagina su reacción y las preguntas que te hará:

"Ni sabía que tú eras sexualmente activo(a). ¿Desde cuándo viene esto sucediendo?"

"¿Quién se hará cargo del niño?"

"¿Quién se lo dirá a tu padre?"

"¿Qué pasará con tus planes para el próximo año?"

"¿Qué dirá la gente?"

Todas estas preguntas están acompañadas de lágrimas, griterías o miradas frías. ¿Cómo se sentirá tu mamá? ¿Herida? ¿Decepcionada? ¿Traicionada? ¿Avergonzada? ¿Y qué de tu papá?

Un alumno del primer año de la preparatoria miraba a dos compañeros que presentaba una representación como un proyecto de clase. Este joven ya era un padre. Después de que su compañera de clase terminó de decirle a su "mamá" que ella estaba embarazada, el joven miró al resto de la clase y dijo: "Fue diez mil veces más difícil cuando se lo dije a mi mamá".

Una joven que ya no era virgen me dijo: "Mi mamá está en el cielo. Yo no sé si ella puede ver todo o no como Dios puede, pero pensar que hay una posibilidad que ella conozca lo que hice... es que si ella no estuviera muerta, mis actitudes podrían matarla".

Y si piensas que es difícil decírselo a tus padres, piensa cómo sería decirle al papá de tu novia que ella está embarazada. (¡Imagínate si el papá de ella es un musculoso levantador de pesas!)

Si esperas hasta el matrimonio para tener sexo, nunca tendrás necesidad de enfrentar una escena como esta.

Sabes, no tienes que embarazar a una joven para experimentar los efectos desgarradores del sexo.

Tus padres se fueron a pasear un fin de semana. Tu novia te va a visitar. Estás mirando un vídeo en la sala. Las luces son tenues. Las manos comienzan a moverse. Las ropas comienzan a volar.

Muy pronto, tú estás teniendo sexo ahí mismo, en la sala. De momento, entra tu mamá. Aunque nadie quedó embarazada, nadie contrajo una enfermedad, de momento todo sucedió. Esperar para tener sexo hasta el matrimonio es mucho mejor, ¿no es así?

¿CÓMO ESTO LOS AFECTARÁ?

Algunos padres son como el padre de Alberto. Han enterrado los recuerdos de su propio pasado. Quizás ellos fueron sexualmente activos antes de su noche nupcial y sienten que no tienen el derecho para decirte que esperes para tener sexo si ellos no lo hicieron.

Los padres de "Sandra" vinieron a visitarla en nuestras instalaciones. Cuando les contó que su banda estaría tocando en un restaurante, ellos fueron para oírla cantar.

Sentados a la mesa, escuchando la música, el padre de Sandra vio un viejo amigo de la universidad que caminaba dentro del restaurante. Haciéndole una señal con la mano, invitó a su amigo a sentarse con ellos en la misma mesa. La madrastra de Sandra se encogió. Solo le tomó un momento a ella reconocer al amigo de su esposo. Veinte años antes ella había dormido con ese hombre. Su nerviosismo fue obvio debido a las equivocaciones en un pequeño comentario que hizo.

Cuando regresaron al hotel, su esposo la confrontó: "¿Por qué te pusiste tan nerviosa esta noche? Parecías realmente muy tensa".

Ella le dio una excusa pero su esposo no la aceptó: "¿Fue ese hombre del que me hablaste, con el que tuviste relaciones cuando estabas en la universidad?"

La madrastra de Sandra se vio acorralada. "No", mintió ella.

Aún su esposo se encontraba insatisfecho con esa respuesta. Ella le reveló la verdad. Aunque el hecho había sucedido veinte años atrás, él ardía de celos. El intento de ella de pasar por alto el incidente solo empeoró las cosas, destruyendo la confianza de él en ella.

Piensa en ti dentro de veinte años e imagínate que eres un padre o una madre. ¿Qué le aconsejarías a tu hijo sobre el sexo? ¿Estará preparado él para esperar si tú no lo hiciste? El padre de Alberto era casado pero esto no evitó que cayera. Alberto terminó siguiendo los pasos de su papá.

¿CÓMO MANTENERTE EN CONTROL?

Cuando eres atraído físicamente por alguien, ¿será posible mantener el control?

Tanto Alberto como su padre dejaron a sus hormonas dirigirlos. La pérdida de control comenzó con atracción física. Alberto conocía a Teresa como si fuera su hermana, pero un día él se fijó en el cuerpo de ella y sus hormonas lo golpearon. El padre vio a la esposa del amigo. Sabía que la mujer estaba casada, pero su belleza lo cegó. El padre de Alberto pudo haber dicho: "No, esa mujer no es para mí".

Alguien definió la disciplina como "vivir dentro de los límites de la realidad". Alberto y su padre se salieron fuera de ese límite. Permitieron la tentación y que el deseo los dirigiera.

La tentación es más débil cuando da el primer paso dentro del cuarto. Si juegas con ella y no reconoces el límite, este será cruzado. La tentación se torna más fuerte. Tu sentido común comienza a decaer, controlado por las hormonas de tu cuerpo.

Alberto y su papá en vez de imponerse al deseo, inmediatamente se entretuvieron, trayendo la tentación más cerca de ellos. El papá de Alberto invitó a la esposa de su amigo cuando este estaba lejos. Alberto le pidió a su padre que mandara a Teresa a la habitación de él. Cuando ellos estuvieron cerca a estas mujeres, deleitándose en el perfume de ellas, la tentación se hizo más intensa y llegó a controlarlos.

Reconoce el deseo como tal y di no al instante. El Departamento de Salud de los Estados Unidos tiene un folleto que dice: "Si tú piensas que es difícil decir: 'No', solo espera hasta que digas: 'Sí'". Da un poco ahora y las cosas serán más difíciles después. Lucha con la tentación al comienzo mientras es solo un juego en la mente, antes que salgas al campo de juego.

Nancy, ahora una virgen renovada, me cuenta de cuando deseaba comprar una revista pornográfica. "Yo jugaba con la tentación libremente. Iba de un pueblo a otro, buscando un lugar donde pudiera adquirirla sin que alguien conocido por mí me viera. Jugaba con la idea, permitiendo que la tentación fuera más y más fuerte hasta que encontré lo que buscaba. Entre tú y yo, estaba completamente excitada en el auto antes de tomar la revista y mirarla".

Y añadió: "Ahora que he tenido sexo, es difícil decir no. Las hormonas no son comparadas con lo que realmente se siente. ¿Hablar de algo difícil? Eso es difícil".

Hubo alguna cosa que Alberto y su padre hicieron que les causó problemas. El papá de Alberto estuvo a sola con la esposa de su amigo. Alberto cerró la puerta una vez que él y Teresa se vieron solos en su cuarto. Una mala idea.

Tener otras personas alrededor y estar en áreas públicas son dos formas de mantenerte en control. Imagínate que estás en un juego de football de la preparatoria. Es medio tiempo. ¿Puedes imaginarte a la pareja que está al lado tuyo corriendo hacia el campo de juego para tener sexo ahí mismo en frente de todos? A menos que tu escuela sea fuera de lo normal, esta escena no ocurrirá. ¿Por qué? Porque es más fácil controlarse cuando tenemos otras personas alrededor.

Les he preguntado a muchos adolescentes cómo mantienen sus hormonas tan calientes. Esto fue lo que me respondieron:

Carmen no espera hasta que esté en el asiento trasero de auto para decidir que quiere esperar para tener sexo. Antes de salir de su casa, ella había tomado la decisión de esperar hasta el matrimonio.

Raquel dice que evita problemas siendo exigente acerca de los muchachos con los que tiene citas. Ella no sale con el tipo de joven que no la respetaría. "Yo le pongo mis normas", dice ella.

Juan establece desde el primer momento su plan de esperar hasta el matrimonio antes de salir con una joven. Él les dice: "Deseo esperar para tener relaciones sexuales hasta el matrimonio. Nunca voy a presionarte para tener sexo. Te pido que no me presiones a mí". Las muchachas desean tener citas con Juan. De hecho, una muchacha vino a mí y me suplicó para que la presentara a Juan. Ha escuchado que él no compromete sus valores y ella desea llegar a conocerlo.

Carlos establece límites claros. ¿Cuán lejos puedes ir antes de que te dispares? Carlos establece una barrera y luego se detiene antes de ese punto. Por ejemplo, imagínate los vivos colores del auto deportivo de tus sueños. Estás en tu auto en la autopista a 100 kilómetros por hora bajando un cerro. En la parte más baja del cerro vez un árbol caído que atraviesa la vía. ¿Cuándo vas a frenar? ¿Cuando estás en la cima de la montaña, tan pronto ves el árbol o al llegar abajo a solo 10 pasos antes de que choques con él? Si te demoras pudieras no poder detenerte a tiempo. Podrías salir seriamente herido y hasta morir enredado con el tronco del árbol.

Yo no puedo decirte cuántas jóvenes vienen a mi puerta pidiendo una prueba para saber sí están embarazadas y dicen: "No debía haber ido tan lejos". Ellas corrieron hasta el límite, trataron de poner los frenos al último momento y terminaron aplastadas por sus propios límites.

Gina lo explica de otra forma: "Es difícil mantenerte a dieta cuando el camarero te trae un helado a la mesa y lo coloca en frente de ti con nueces, cerezas y mucha crema. ¡Di 'no' antes de que él llegue a tu mesa! Con tener sexo di 'no' antes de que estés cerca del límite".

Haz una lista de refuerzos. El papá de Alberto era un militar. Conocía la importancia de tener poder extra para proteger a sus tropas. Él debía haber enseñado a Alberto a hacer lo mismo antes de violar a Teresa. Si dudas de tus hormonas, dile a alguien que tú respetes acerca del deseo de esperar hasta el matrimonio para tener sexo. Pon en la lista a tu padre, a tu madre, a un abuelo, un amigo, una hermana o un hermano. Pídeles dirección cada veces que tengas una cita. Si en realidad respetas a esa persona que te supervisará y sabes que te estará chequeando, evitarás cruzar tus límites en tu cita porque podrías enfrentar una situación embarazosa al decirle que echaste todo a perder.

"Ana" deseaba esperar hasta casarse para tener sexo. Ella sabía que doy conferencias en las escuelas sobre abstinencia, así que me pidió, como una amiga íntima, que me responsabilizara de supervisarla. Después de esto, cada pocas semanas le preguntaba acerca de cómo ella había manejado el lado físico de sus relaciones. Cuando ella se comprometió para casarse, mi esposo y yo compartimos su gozo.

Dos meses antes de su boda, Ana lo echó todo por la borda. Ella tuvo sexo una vez con su novio y lo lamentó profundamente. Pocas semanas después descubrió que estaba embarazada.

Los padres de Ana estaban divorciados, así que decirlo a ellos fue doblemente difícil. En vez de dos padres ella tenía cuatro. Ella y su prometido tuvieron que informarles también a los padres de él.

Luego Ana tuvo que enfrentarme. Las lágrimas corrían por sus mejillas mientras me decía que estaba embarazada. Ella estaba segura de que todavía la amaba, pero amabas lloramos ante lo que ella hizo. Ana estaba decepcionada de ella misma. Sintió como si hubiera traicionado a su mejor amiga.

Confirma tu decisión de esperar tanto con palabras como con acciones. Por ejemplo, date una mirada objetiva a ti misma en el espejo antes de salir a una cita amorosa. ¿Qué mensaje da tu ropa? Tu blusa ajustada y tu falda corta dicen: "¿Vamos a divertirnos?" Si tú no quieres fiesta, entonces no envíes invitaciones con un vestir provocativo.

Doug programa actividades para cada cita, así no sobra mucho tiempo libre. Él dice: "Cuando estás sentado sin hacer nada, las manos comienzan a moverse".

Antes de salir con alguien, formula un cuadro bien claro de dónde irás y qué harán juntos. ¿Irán a una cafetería? ¿Después qué pasará? ¿Irán a la casa de un amigo? ¿Irán a casa sin que haya nadie allí? ¿Cuál de los dos tendrá el mayor riesgo de dejarse llevar?

Sé creativo cuando estén planeando su tiempo juntos. Un joven del estado de Idaho le preguntó a su novia si le gustaría ir a cenar en una isla romántica con él. Ella pensó que sería una buena idea, pero dado que vivían en medio de los campos de papas, se preguntaba dónde encontraría él una isla romántica. "No te preocupes", le dijo. "Te recojo a las seis de la tarde".

Esa noche él condujo el auto hasta su casa. Afuera, en frente de la casa de él estaba una de esas islas del tránsito por las que los autos pasan por un lado y los autobuses por el otro. Allí en la isla estaban sillas y una mesa, un candelabro y un mantel blanco. La mamá de él vino y le sirvió en su isla privada.

¿Esta joven supo que su amigo estaba enamorado? ¿Habrá olvidado esa cita? ¡No solamente planee una cita, sino también un recuerdo!

Otra sugerencia: Prepare con tiempo la manera de decir "no". Teresa lo mantuvo en su mente. Sabía que su virginidad era importante para ella. Cuando la presión fue fuerte, ella estaba preparada con una lista de razones para esperar hasta el matrimonio.

Una vez hablé en una escuela y le pedí a Chris, un presentador de grupo quien ayuda como voluntario en mi programa, que tratara de proponerle sexo a una muchacha del aula. Chris se pudo de mil colores diferentes, lo que divirtió a la clase, pero él manejó la situación cuidadosamente para conseguir que funcionara la idea. La muchacha, para entonces dispuesta a hacer su papel, miró a Chris cara a cara y le dijo: "No, yo quiero esperar".

Lo que sucedió después fue impredecible. Chris miró su reloj, vio la hora y la miró fijo a los ojos: "Está bien, ¿qué tal de aquí a dos horas?" La clase se rió estrepitosamente.

Cuando quieres decir "no", especifica cuales son tus normas. Muchas veces he oído decir a las que vienen a mi oficina después de una prueba de embarazo: "Esperaré para la próxima". Pero no siempre les creo. Sé que no definen "esperar" como yo lo hago. Quieren decir que esperarán hasta que desaparezca el temor al embarazo. O que esperarán hasta que conozcan a otra persona mejor. O que esperarán hasta que se comprometan en matrimonio.

¿Cuántas personas conoces que se han comprometido y luego han roto el compromiso? Cuando estaba en la universidad me comprometí con un joven. Pensábamos que nos casaríamos, pero yo no estaba muy segura. Rompimos nuestro compromiso. Más tarde nos comprometimos por segunda vez y de nuevo rompimos el compromiso. Por tercera vez hicimos planes para casarnos y de nuevo rompimos. El año siguiente conocí a otro joven con el cual me casé.

Pensaba que estaba a punto de casarme con el primero. Hubo muchas oportunidades para tener relaciones sexuales. Creí que podríamos estar juntos para siempre. Pero terminé casándome con otro. ¡Y estoy muy feliz por haber esperado!

Cuando dices que deseas "esperar", aclara bien que deseas esperar hasta que te cases para tener sexo. No solo hasta que una persona más apuesta aparezca. No solo hasta que estés de buen humor. No hasta que te enamores de alguien. No hasta que estés comprometida en matrimonio. Si no hasta que te cases.

Tengo un póster en mis carpetas. El texto dice: "¡Qué vestir cuando estás planeando tener sexo seguro!" El cuadro muestra una pareja de jóvenes en su día de casamiento. La novia y el novio están vestidos para su boda.

Una joven que visitó mi oficina era una muchacha cristiana muy bonita. Ella y su familia iban a la iglesia regularmente. Años antes ella había hecho un profundo compromiso de esperar. Incluso tenía un anillo símbolo de castidad, el cual pensaba dar a su esposo en su noche de bodas. Pero una noche perdió el control, tuvo sexo y quedó embarazada al final de su primer año de universidad.

Le pregunté qué consejos le daría a los jóvenes de ambos sexos sobre ejercer control de sus deseos sexuales: "Diles que esto puede ocurrirles a ellos también".

La tentación sexual es poderosa. Nunca serás tan fuerte como para pelear contra ella con tus propias fuerzas. Todos los límites, los reforzamientos humanos y las áreas públicas que tengas no son suficientes. La única arma es una fuerte relación con Dios. Nunca asumas que eres demasiado fuerte para controlar las cosas por ti mismo.

Ora antes de salir a una cita amorosa. Ora mientras estés en la cita. Ora con la otra persona.

Solamente en Cristo, por el poder de su Espíritu, hará que triunfes donde inclusive líderes militares como el padre de Alberto cayeron.

PIENSA EN ESTO

1. Fíjate un presupuesto de diez dólares y planea una noche divertida. ¿Dónde irías? ¿Qué harías? ¿Podrías divertirte aún si el presupuesto se redujera a la mitad?

   _____
   _____
   _____
   _____

2. Piensa en algunas personas que tú respetas. Determina a cuál de ellas podrías rendirle cuentas acerca de tu decisión de esperar hasta el matrimonio para tener sexo. Pídele a esa persona que te ayude con el compromiso que has hecho.

   _____
   _____
   _____
   _____

3. ¿Cómo podrías mostrarle a alguien que en realidad te importa sin tener algún contacto físico con él o con ella? ¿Por qué crees que Dios dice que es bueno para el hombre no tocar mujer? (lee 1 Co. 7:1).

   _____
   _____
   _____
   _____

4. Lee el siguiente párrafo y resume qué Dios tiene para decirte acerca del autocontrol.

   ¿No sabéis que los que corren en el estadio, todos a la verdad corren, pero uno solo se lleva el premio? Corred de tal manera que lo obtengáis. Todo aquel que lucha, de todo se abstiene; ellos, a la verdad, para recibir una corona corruptible, pero nosotros, una incorruptible. Así que, yo de esta manera corro, no como a la ventura; de esta manera peleo, no como quien golpea el aire, sino que golpeo mi cuerpo, y lo pongo en servidumbre, no sea que habiendo sido heraldo para otros, yo mismo venga a ser eliminado.
   —1 Corintios 9:24-27

   _____
   _____
   _____
   _____

5. ¿Cómo responderías a las siguientes proposiciones?
   "El sexo es natural. Todo el mundo lo practica".
   "No te preocupes. Nadie lo va a saber".
   "¿Cuál es el problema? ¿Tienes miedo?
   "¿No me amas?

   _____
   _____
   _____
   _____
   _____

MÁS PARA REFLEXIONAR

¿Conoces la historia de algún padre o alguna madre quien se sintió herido por causa de que su hijo contrajo una enfermedad de transmisión sexual o su hija quedó embarazada sin estar casada?

Anótala a continuación para que te sirva como un recordatorio del efecto degradante de tener sexo sin estar casado.

De la vida real

Lakita Garth, ex titular de *Miss Black* California

LAKITA GARTH CRECIÓ CERCA de un proyecto de casas en California que los escritores de la revista *Money* describieron como uno de los lugares más peligrosos de todo el país para criar niños.

Mientras el padre de ella peleaba en Vietnam, su mamá mantenía su propia arma a la mano. Lakita dice: "Mi mamá dormía con dos hombres cada noche... Smith y Wesson (la marca de la pistola)".

Un día unos adolescentes estaban jugando a tirar al aro al otro lado de la calle. Su mamá llamó a los muchachos aparte y les dijo: "¿Saben una cosa muchachos? Hay dos cosas por las que yo podría matar a alguien. La primera es si entran en mi casa y la segunda si tocan a mi hija".

Lakita comenzó a reír cuando notó el efecto de las palabras de su madre. Durante su época de liceo nadie la invitó a salir, y tampoco nadie entró en su casa.

Lakita se convirtió en Miss Black California y fue finalista en el certamen nacional. Con su apariencia física ella podía atraer a cualquier hombre que deseara, pero aún hoy es soltera y virgen.

Ella insiste en una verdadera intimidad, no solo sexo. "Intimidad es la habilidad de ser completamente tú con otra persona, compartir las esperanzas, los deseos, tus sueños, tus mayores temores, tus peores errores y no temer que esa persona se reirá de ti o hablará de tus secretos por detrás. Siempre te alentarán a hacer lo que es correcto.

"Una de las mayores mentiras que han sido dichas es que el amor es lo mismo que el sexo. ¡No lo es! Amar es el deseo de beneficiar a alguien a expensas de uno mismo. Pasión o deseo es el anhelo de beneficiarse a uno mismo a expensas de otra persona".

Cuando ella conoce a algún joven que es sexualmente activo, Lakita lo reta: "¿Quién realmente pagará lo más caro en esta relación? ¿Quién se está beneficiando? ¿Quién finalmente tendrá que sacrificar su futuro? ¿Quién está teniendo que sacrificar su salud emocional y psíquica, no solo física?"

Lakita viaja por todo Estados Unidos hablando a los adolescentes en escuelas y los programas radiales. Ella da el mismo mensaje que su mamá le enseñó, pero sin usar una pistola.

Citas tomadas de una conferencia dada por Lakita Garth en *National Leadership Summit on Abstinence*, 2 de agosto de 1997. Usadas con permiso.

cuatro
¿Quién además resulta herido?

UN HERMANO HABLA

"Cuando Teresa apareció ante mi puerta pude saber que algo malo había sucedido. Pensé que alguien había muerto o que había estado en un accidente o algo por el estilo. Cuando descubrí lo hecho por Alberto, estaba listo para matarlo.

"Claro, yo se lo dije al papá de Alberto en seguida. Su rostro se tornó demacrado y dijo que se encargaría del asunto. Pero pasaron los días y nada ocurrió. Alberto continuó con su vida como si nada hubiera sucedido. Su padre nunca lo castigó. Teresa continuó llorando, no sé cómo ella se levantaba cada día y enfrentaba a Alberto.

"Me preguntaba: ¿Dónde está la justicia? Podía informar lo sucedido a la policía, pero ¿quién me creería? Era la palabra de Alberto contra la mía.

"Siempre había admirado al padre de Alberto. Ahora le perdí todo el respeto que le tenía. Él se ha reunido con la policía y ha estado en los tribunales, pero sin decir nada del asunto. ¿Se ha preocupado él de hacer algo? No, él no hizo nada. Eso no es justo.

"Si fuera mi responsabilidad, habría actuado con justicia. Si las personas vinieran a mí con problemas, les haría justicia. Muchos de los políticos hablan de enfrentar la delincuencia. Yo haría algo más que hablar. Saldría a las calles y arrestaría a los delincuentes.

"De hecho, eso fue lo que hice. Cuando nada se hizo con respecto a la violación de Teresa, decidí yo mismo pasarle la cuente. Esperé un largo tiempo para que nadie sospechara. Alberto y yo solíamos dar vueltas juntos cuando estábamos creciendo, así que nadie se sorprendió cuando invité a un grupo de muchachos, incluso a Alberto, para que saliéramos un fin de semana. Tarde esa noche, conseguí a una persona para darle a Alberto silenciosamente. Bueno se suponía que así sería pero todo se fue abajo.

"Los rumores eran que yo había matado a todos los muchachos, no solo a Alberto. Eso no fue verdad, los otros huyeron y yo me desaparecí en seguida. De ninguna forma iba a regresar. Salí fuera del país en veinticuatro horas.

"A principio la venganza me hizo sentir bien. Pensaba que había resuelto todo el problema, que se había hecho justicia. No fue así. Alberto estaba muerto, pero yo estaba todavía enloquecido. En realidad nada arreglaría la violación. Teresa no mejoró. De hecho se sintió peor porque yo no estaría cerca de ella.

"El papá de Alberto y yo no hablamos durante tres años, aun cuando él sabía donde yo estaba. Mis amigos me dijeron que él entendía, que estaba triste porque no solo había perdido a Alberto sino a mí también. No podría decirte con certeza si eso era verdad. Él nunca me dijo nada.

"Por último un amigo habló con el papá de Alberto. Él me consiguió un perdón oficial y regresé al pueblo. ¿Gran cosa? Nunca lo vi. No hablamos por otros dos años. Cinco años en total. Por ese tiempo me había casado y tenía cuatro hijos. (Llamé a mi hija Teresa.)

"Todo era apariencias. El padre de Alberto tan popular como siempre, aun cuando uno de sus hijos era un violador. ¡Increíble! Yo decidí postularme para un cargo público. Después de todo, nadie podía probar que yo había matado a Alberto. Nunca fui convicto de nada. Era muy popular y muy bien parecido. Muy pronto tuve muchos seguidores.

"Más tarde descubrí que cada persona con la que trabajaba estaba relacionada de alguna manera con violación. La nieta de mi director de campaña fue molestada sexualmente nada menos que por el papá de Alberto. José, el amigo que escogí para ser jefe de seguridad, era mi primo ya que años atrás mi tía fue violada, quedó embarazada y dio a luz a José.

"Había muchas heridas y odio en nuestra oficina. Nada de lo que hicimos parecía disminuir el dolor. Las personas decían que Alberto había muerto, pero de alguna forma todos estábamos muertos".

Puedes darte cuenta de la ira que hervía dentro de Samuel? La violación de su hermana había terminado controlando su vida.

De hecho, después que la campaña de Samuel fracasó, él se convirtió en un rebelde contra la autoridad y hasta violó mujeres él mismo.

¿Cómo pudo un joven que era un hermano decente quien solo deseaba justicia, convertirse en ese desastre? Él no era el que había tenido sexo. ¿Cómo él salió herido?

Muchas personas inocentes pueden herirse por las ondas de la pasión.

Gina me llamó una noche llorando. Su hermana tenía una relación abusiva y acababa de descubrir que esperaba un bebé. Gina no se podía concentrar en sus estudios universitarios debido a la preocupación por su hermana. Se sentía agotada al correr a la casa cada fin de semana para ayudar a su hermana.

La hermana mayor de Mary Beth siempre había soñado visitar Europa en un verano. El plan era ir por todo el continente con una mochila en sus espaldas, visitando los sitios de interés y quedándose en hoteles baratos. Pero la hermana de Mary Beth quedó embarazada. Ahora, en lugar de estudiar juntas en la universidad, Mary Beth debe estar sola en la universidad mientras su hermana está en casa cuidando de su bebé. Ellas se están perdiendo de muy buenos momentos juntas.

La hermana de Julia quedó embarazada después de unas pocas citas con un muchacho. Julia se sintió herida cuando su mamá entendió que se convertiría en activa sexual igual que su hermana. Aunque había planeado esperar hasta el matrimonio para tener sexo, las bajas expectativas de su mamá tuvieron una influencia negativa en ella. Un año después Julia también tenía un niño.

La hermana de Paula no quedó embarazada aunque era sexualmente activa con distintos jóvenes. Ella se preocupaba que su hermana pudiera contraer alguna enfermedad. El estilo de vida de su hermana ha afectado la manera de relacionarse entre ellas como hermanas. Ellas acostumbraban a conversarlo todo la una con la otra, pero ahora su hermana ni quiere hablarle.

Preocupaciones, desvelos, pérdida de confianza, carencia de comunicación. Todos son parte de lo que sienten los derrumbados padres y hermanos como resultado del desgarrador efecto causado por la pasión descontrolada.

Estos son algunos de los efectos que las personas discuten abiertamente, pero ¿qué hay del verdadero enojo? El hermano de Teresa, Samuel, estaba airado porque Alberto hirió a su hermana. Su ira estaba escondida. Aunque muchas personas no tienen que tratar con el enojo producto de la violación de un ser querido, una gran cantidad de personas sí se llenan de ira con su hermano o su hermana que elije volverse activo sexualmente.

Marilín vio este tipo de resentimiento en su mejor amiga "Carla". Ella dice: "No recuerdo cuando la hermana de Carla, Laura dijo que estaba embarazada. Carla vio a sus padres, amigos y todos los miembros de la iglesia acercarse a Laura. Una fiesta para recibir el bebé y ayuda económica hicieron de Laura el centro de atención".

Pero fue peor cuando nació el niño. Carla se resintió al ver que su hermana jugaba con el bebé y le dejaba a ella todo el trabajo de la casa. El bebé lloraba en las noches y despertaba a todos en la casa. Carla debía levantarse temprano para tomar el autobús de la escuela, mientras Laura dormía con el niño. Su mamá le decía: "Tranquilízate Carla, Laura tuvo una mala noche". La hermana no tenía planes de buscar un trabajo para mantenerse ella y el bebé. Parecía estar feliz de solo estar en casa.

¿Puedes culpar a Carla por estar molesta con su hermana? Estaba sufriendo las consecuencias del comportamiento sexual de su hermana.

¿Qué hay con respecto a la presión económica que el bebé trajo para la familia? ¿Habrá dinero para que tú vayas a la universidad o todo irá para al hijo de tu hermana? ¿En qué tus padres emplearán su dinero: En pañales o en tu educación?

Digamos que no quedas embarazada producto de una relación prematrimonial. El embarazo no es la única cosa que pudiera suceder. El activo sexual de la familia podría contraer una enfermedad de transmisión sexual. Contraer una enfermedad sexual no es solo una carga financiera, sino también emocional. ¿Cómo te sentirías si tuvieras que decirles a tus amigos que tu hermano o hermana contrajo SIDA? Muchas familias no dan a conocer este tipo de noticias porque se sentirían avergonzados si las personas preguntan. Secretos como estos pueden ser una gran carga para toda la familia. ¿Qué sucederá si las personas lo descubren? ¿Pensarán tus amigos que tú eres sexualmente activo como tu hermano o tu hermana? ¿Pensarán que estás enfermo(a) también?

Tu ira y vergüenza son un aspecto adicional de la actividad sexual de tu hermano o hermana. La ira quizá se dirija contra tu hermano, tu hermana, tus padres e incluso contra Dios mismo. Samuel estaba profundamente afectado por lo que le sucedió a Teresa. Él nunca le perdonó a Alberto lo que hizo. Como resultado, el enojo consumió a Samuel por el resto de su vida.

¿CÓMO MANEJAS EL ENOJO?

¿Cómo puedes calmar este tipo de sentimiento si eres la parte inocente, el que no tuvo sexo? Si ya tuviste relaciones sexuales, ¿cómo te quitas el enojo que sientes hacia la persona que te presionó a tener sexo? O lo más difícil de todo, ¿cómo manejas el enojo contigo mismo por haberlo hecho?

En primer lugar, debo recordarte que el enojo en sí no es pecado. Es una emoción. Es un síntoma, como el dolor, te dice que algo está fuera de lugar. El sentimiento no es algo malo, pero sí te puede llevar a malas acciones.

Expresa tu enojo. No te sugiero que vayas lanzando o golpeando las puertas porque todo el mundo sabrá que estás loco. Habla con alguien... Dios es un amigo confiable, y si es posible, con la persona que te llenó de ira. Si no expresas tu resentimiento, esa persona puede que no se dé cuenta de lo que hizo mal.

Decide perdonar a quien provocó tu enojo, aun si esa persona eres tú mismo. Perdonar es algo que haces, no algo que sientes. Los sentimientos toman tiempo para sanar, pero puedes acelerar el proceso al reconocer que la ira, cuando te acuerdes de ella, será un recordatorio para orar por esa persona. Cuando hago esto encuentro que una de dos cosas puede suceder: Dejo de sentir enojo o mi vida de oración mejora. De cualquier manera gano.

Pero ¿qué si has sido sexualmente activo y tus acciones han herido a otros? En el capítulo anterior hablamos sobre darles la noticia a tus padres de que ibas a tener un bebé. Ahora imagínate anunciando algo así a tu hermano o tu hermana menor.

¿Cómo te sentirás si tu hermana o hermano menor siguiera tus pasos? ¿Qué sucedería si ellos se convirtieran en sexualmente activos también? Quizá tú no te contagiaste con una enfermedad de transmisión sexual, pero ellos sí. ¿Te sentirás responsable por ello?

Si tu hermana o hermano ya saben de tu pasado sexual, quizás ellos están furiosos. Piensa en pedirles perdón y después diles acerca de la virginidad renovada.

Si tú esperas hasta casarte para tener sexo, nunca tendrás que enfrentar estas cosas. De hecho, si te mantienes sexualmente puro, tu hermana o hermano más pequeño quizá decidan seguir tu ejemplo.

Sara se alegra al decir: "Mi hermana era virgen cuando se casó a los 21 años. No solo eso. Con quien se casó mi hermana tampoco había tenido relaciones sexuales. Él tenía 27 años. Así que yo he decidido esperar también".

"Espere un minuto ahí", dices tú. "Supón que decidí no tener sexo y finalmente conocí a la persona de mis sueños. Entonces descubrí que esta ya tuvo sexo con alguien. Si espero, ¿Dios no me debe dar a alguien que no haya tenido sexo?"

Con tantas personas jóvenes siendo sexualmente activas hoy, enterarnos que con la persona que estás saliendo es una virgen renovada es muy posible. También conozco a muchos quienes me dicen que solo desean casarse con una virgen. Después de todo, se han mantenido puros, ¿No se merecen una persona que sea pura también? Eso solo parece justo.

Si eso fuera verdad, ¿qué esperanza habría para la persona que es virgen renovada? ¿Dios realmente la hizo nueva o aún renovada todavía pertenecen a una segunda clase de personas?

La respuesta a esta pregunta depende en parte de ti. Desde la perspectiva de Dios, la virgen renovada en una persona de primera clase. Él o ella es una nueva creación por completo. Pero desde la perspectiva humana, la respuesta depende de ti. ¿Sentirás rencor o rechazarás a esa persona o la perdonarás por lo que hizo en el pasado?

Antes de ser mi esposo, Gene había tenido intimidad sexual con otra persona y yo lo sabía. Él estaba nervioso cuando me reveló su pasado. Se preguntaba cómo yo reaccionaría. ¿Cuál fue mi respuesta? Le dije: "Gene, Dios sabe todo acerca de tu pasado antes de que Él nos uniera a los dos. Dios sabía todo acerca de ti y todo acerca de mí. Si Dios en su sabiduría te escogió de entre todos los hombres disponibles en este mundo para casarte conmigo, ¿quién soy yo para cuestionar lo que Dios escogió? Yo confío en la sabiduría de Dios para darme lo mejor".

¿Cómo puedo rechazar el hombre que Dios escogió para mí y decir: "No, Dios, tiene que ser virgen"? ¿Podría poner mis normas más elevadas que las de Dios?

He hablado a cristianos que dicen que nunca se casarían con alguien que haya sido sexualmente activo, o que viniera de padres divorciados, o alguien que hubiera sido maltratado sexualmente. Me dicen: "Temo que podría lidiar con todo ese cúmulo de emociones".

¿Puede una persona verdaderamente renovarse? Sí. ¿Es el divorcio realmente contagioso? No. ¿Tiene que repetirse el abuso sexual en la siguiente generación? No. ¿Es Dios tan poderoso como para cambiar los antiguos patrones tal como dicen que Él lo hace? La respuesta es un resonante: ¡Sí! Mi esposo es una perfecta ilustración de la capacidad de Dios para tomar a alguien del montón y hacerlo completamente nuevo. Por supuesto que yo también. Era virgen cuando me casé pero no era perfecta o sin defectos. Mi pecado no era sexual, pero Dios tuvo que hacerme una nueva creación también, hacerme apropiada para Gene.

Solo cuando Dios nos hizo a los dos nuevos, pudo unirnos. Dios sabía que juntos seríamos aptos para servir a otros que habían sido lastimados y heridos por este mundo.

El hermano de Teresa, Samuel, estaba amargado. Quería justicia, pero la deseaba en su propio tiempo y de su propia manera. Dios es justo, pero lo que Samuel nunca entendió fue que el cronómetro de Dios es a veces distinto al nuestro. Dios tiene infinita paciencia y la habilidad divina para cambiar a las personas.

Dios cambió a Gene y a mí. Él podía haber cambiado a Samuel también. Podía haber quitado el dolor y el enojo de Samuel, pero Samuel nunca se lo permitió. ¿Y tú lo permitirás?

PIENSA EN ESTO

1. ¿Qué le dirías a tu hermano o hermana si se convirtiera en activo(a) sexualmente?

   _____
   _____
   _____

2. ¿Quién te observa y sigue tu ejemplo? Hebreos 12:13 dice: "y haced sendas derechas para vuestros pies, para que lo cojo no se salga del camino, sino que sea sanado".

   _____
   _____
   _____

3. Ve al capítulo 3 de este libro y lee las preguntas que aparecen al final. A continuación lee 2 Corintios 5:16-17. ¿Qué áreas de tu vida (sexual o no) necesitan ser cambiadas por Dios?
   _____
   _____
   _____

4. ¿Qué heridas en tu pasado te controlan, como a Samuel, y te alejan de servir a Dios hoy?
   _____
   _____
   _____

MÁS PARA REFLEXIONAR

A continuación escribe una carta dirigida a tu hermano o tu hermana en la que le explicas por qué quieres que ellos esperen hasta el matrimonio para tener sexo.

_____
_____
_____
_____
_____
_____
_____
_____
_____
_____
_____
_____
_____
_____

De la vida real

Tamara Mowery de la serie televisiva *Sister, Sister*

TIA Y TAMARA MOWERY tienen la especial fortuna de ser hermanas en la vida real y en escena. Ellas son también señaladas por su compromiso de esperar hasta el matrimonio para tener sexo.

Tamara dice: "Vimos la convención 'El verdadero amor espera' en el canal de televisión cristiano. Nosotras estamos haciendo el mismo tipo de compromiso de dejar el sexo para el matrimonio porque eso es lo que Cristo quiere. Personalmente pienso que esa es la mejor forma.

"Las personas piensan que estamos locas, pero no tengo ni siquiera el deseo de planear una cita amorosa en este momento. La escuela es mucho más importante y nosotras no tenemos casi tiempo. Pensamos que los jóvenes son atractivos, pero no deseamos una relación en estos momentos.

"Tia y yo mencionamos siempre a Cristo en las entrevistas que nos hacen. Dondequiera que vamos y cada vez que hablamos, la primera cosa que resaltamos es que somos cristianas. Lo mencionamos en los programas de entrevistas porque no tenemos miedo de decir que somos cristianas y que pensamos que el sexo debe venir después del matrimonio, que Cristo es la persona más importante para nosotras. No nos avergonzamos".

Estas citas son de "Tia y Tamara" por Susie Shellenberger, revista *Brio*, julio de 1996, publicada por *Focus on the Family* [Enfoque a la familia]. Todos los derechos reservados. Derechos internacionales asegurados. Usadas con permiso.

cinco
El sexo puede separar amigos

UN AMIGO HABLA

"No tenía idea de que todo esto pudiera acontecer, al menos no pensé que alguien pudiera salir herido. Todas las cosas parecieron como una bola de nieve que inicia una avalancha.

"Yo era el mejor amigo de Alberto. Cuando él me contó lo que sentía por Teresa, pensé que estaba loco, no obstante creí que podía ayudarlo, ya que él parecía preocupado. Así que le dije que simulara que estaba enfermo y la llevara a su cuarto. Nosotros planeamos todo para que él estuviera a solas con ella. Pero nunca imaginé que esto podría ocurrir.

"Me imaginé que él la vería y volvería a sus cabales, o que finalmente se casaría con ella. No más que Alberto no se detuvo y tampoco se casó con ella.

"Me sentí muy mal cuando él empujó a Teresa fuera de su habitación. Ella estaba llorando. Su blusa estaba rasgada. Supe que tenía que sacarla lo antes posible. No hubo tiempo de pensar.

"Más tarde Alberto se negó a hablar del asunto. Él estaba como si nada hubiera pasado. Creo que yo estaba más dolido que él por lo que hizo. Si le hizo esto a la joven que decía amar, ¿qué le haría a un amigo? Teresa confió en él y mira lo que ocurrió. ¿Por qué debo yo confiar en él?

"No hablamos mucho más. Me hice un buen amigo de Samuel, el hermano de Teresa, cuando lo conocí. Alberto y yo nos distanciamos. Era triste, ya que crecimos juntos y había sido mi mejor amigo por tanto tiempo. Es algo ilógico, pasar tanto tiempo con una persona y descubrir al final que en realidad nunca la conociste.

"¿Cómo pueden pasar tantas cosas por causa de un acto estúpido? Nadie me dijo jamás que alguien podía quedar herido o que lo mataran. Perdí a mi mejor amigo y ahora Samuel se fue también".

Juan nunca esperó que su sugerencia daría como resultado tantos problemas. Quizás él mismo ya era sexualmente activo y había escapado ileso: Nadie con un embarazo, nadie con una enfermedad. Pero cuando Alberto violó a Teresa, esto le hizo despertar a la realidad. Daba pena ver a Teresa llorando. Era doloroso perder a su mejor amigo. Sentía mucho ver a Samuel no hablar acerca de Alberto por más de dos años.

El papá de Alberto tenía un amigo también, ¿recuerdan? Después que el papá de Alberto se acostó con la esposa del amigo, ese amigo fue asesinado como Alberto. La parte triste fue que el amigo del papá de Alberto no hizo algo para merecer que le hicieran eso. A veces también las partes inocentes tienen que sufrir.

La intimidad sexual tiene una manera de afectar a los amigos en la periferia tanto como ellos se involucran en el acto físico de tener sexo.

Daniel perdió a dos de sus amigos cuando ellos se convirtieron en activos sexuales. Daniel, "Tamara" y "Benjamín" estaban en el mismo grupo de jóvenes de la iglesia. Cuando Tamara y Benjamín comenzaron a salir juntos comenzaban la preparatoria. Para el último año en el liceo, Tamara y Benjamín estaban durmiendo juntos. Ellos pensaban que esto no era sexo ocasional. Había tomado un largo tiempo para alcanzar este nivel de intimidad.

El sexo puede separar amigos

Después de la graduación, Benjamín, Tamara y Daniel fueron diferentes universidades. Las relaciones a larga distancia son difíciles de mantener. Benjamín determinó que deseaba salir con otras jóvenes de su universidad. Ya que había sido sexualmente activo con Tamara, Benjamín encontró que sus nuevas relaciones rápidamente se volvían físicas. Después de pocas semanas, se encontraba durmiendo con otra muchacha.

Cuando llegó la Navidad, Daniel fue a casa y vio a Tamara en la iglesia. "Cuando le pregunté por Benjamín, irrumpió en lágrimas. Ella me contó que un fin de semana viajó para visitarlo donde él estaba. Fueron a la cama una vez más. Entonces ella supo que Benjamín había tenido sexo con otra chica. Tamara estaba destrozada. Aunque ella y Benjamín no tuvieron ninguna otra cita oficial, Tamara se sentía herida al saber que él había dado paso a una nueva relación con tanta rapidez".

Daniel deseaba consolar a Tamara, pero Benjamín esperaba que él estuviera a favor suyo. "De momento me encontré escogiendo entre confortar a Tamara o ser leal a Benjamín. Cada uno de ellos esperaba que yo estuviese de su lado. Ahora he perdido a dos amigos. Ambos están disgustados conmigo".

"Cuando estaba en la preparatoria", dice Berta, "una de mis amigas comenzó a salir con un muchacho de su clase. Susana deseaba estar con el todo el tiempo. Sus padres no aprobaban eso y comenzaron a poner límites en el tiempo que Susana pasaba con el joven".

Susana argumentaba que eso no era justo. ¿Por qué ellos no confiaban en ella? Comenzó a verse con su novio escondida de sus padres. Le decía a su mamá: "Estoy estudiando en casa de Berta", pero en realidad había salido con su novio. La relación de ellos trajo consigo que muy pronto se hicieron sexualmente activos.

Una noche la mamá de Susana llamó a casa de Berta a las once de la noche y preguntó si podía hablar con Susana. Berta se quedó sorprendida. "Hacía más de una semana que no había hablado con Susana. Ella siempre estaba ocupada con su novio. Así que cuando su mamá me llamó esa noche le expliqué que Susana no estaba en mi casa y que tampoco había venido a estudiar más temprano".

Cuando Susana se dio cuentas de que la habían descubierto, se puso furiosa con Berta. Susana les había mentido a sus familiares y esperaba que Berta la encubriría. Dice Berta: "Sentí como si ella me estuviera usando y no fuera realmente mi amiga. No nos vemos a menudo después de este incidente".

Susana no cambió su comportamiento. Ella siguió viendo al muchacho pero ahora le dice a sus padres que estaba con otras amigas. Gradualmente todas sus amigas comenzaron a retirarse. Ninguna quería estar junto a ella cuando mentía. Ya no me preocupé por Susana. Después de todo, seguía aún con el joven.

Posteriormente su novio la dejó. Ella sintió roto su corazón. No estaba embarazada pero sí derrumbada: "No tenía amigas para ayudarle a levantarse. Ella nos había abandonado a todas".

Esteban, como Berta, se dio cuentas de que el comportamiento sexual de un amigo rompió una buena relación. Cuando él estaba en la preparatoria, Esteban y "Tomás" fueron a Europa en un viaje por la escuela. Tomás estaba saliendo con una chica de la escuela. Antes de salir para el viaje, él le dijo que la amaba y que ella era la única en su vida.

"Mientras estuvimos en Alemania comenzó a verse con una de las jóvenes que participaban del viaje", recuerda Esteban. "Una cosa llevó la otra y muy pronto se estaban acostando juntos. Cuando volvimos a la escuela, Tomás hizo alardes de lo que había hecho, pero noté que nunca se lo dijo a su novia".

Cuando Esteban evaluó lo ocurrido pensó: "Si hizo todo eso a espaldas de la chica que dice que ama, ¿qué podría hacer él a mis espaldas? ¿Puedo realmente confiar en él?" Poco tiempo después no fueron más amigos, aun cuando se conocían de hacía mucho tiempo.

Berta valoró la honestidad y perdió una amiga porque las actividades sexuales de Susana la llevaron a decir mentiras. Esteban pensó que la confianza era importante y quedó desilusionado cuando Tomás engañó a su novia.

"Carmen", la amiga de Julieta, quedó embarazada pero lo ocultó a todo el mundo. Por meses Carmen cargó con el secreto ella sola. Sus padres nunca lo supieron. Julieta lo supo solo cuando nació el bebé. "¿Por qué no me lo dijo?, se pregunta Julieta. "Hubiera podido ayudarla, para eso somos amigas".

Julieta estaba triste porque su amiga no le dio a conocer su problema. Después de ser herida por el muchacho con quien estaba saliendo, Carmen nunca más supo quiénes eran en realidad sus verdaderos amigos.

Daniel, Esteban, Berta y Julieta no tuvieron sexo, pero cada uno de ellos perdió un amigo cuando este se tuvo intimidad sexual con alguien.

EL SEXO COMPLICA LA COMUNICACIÓN

El sexo tiene otra forma de complicar la amistad. Por ejemplo, el sentido del humor.

Valeria, "Lilian" y "Mariana" planearon esperar hasta el matrimonio para tener sexo. Un rumor se regó por toda la escuela que Mariana se había acostado con uno de los jugadores de football. Cuando las tres amigas se reunieron, Valeria y Lilian comenzaron a jugar acerca del rumor que se oía. Valeria recuerda: "Jugamos con Mariana porque sabíamos que no podía ser verdad. Estábamos seguras de que Mariana no haría algo así. Queríamos que Mariana se riera con nosotras, pero ella no pudo... el rumor era verdad". Después de un penoso silencio, no había algo para que rieran.

¿Qué sucede con la comunicación entre amigos? ¿El sexo cambia esto también? Imagínate que has tenido intimidad sexual con una persona. Tú rompes con ella. Luego conoces a otra persona con la que te quieres casar y te enamoras apasionadamente. Entonces descubres que tu futuro cónyuge vivió en el mismo lugar de la primera persona con quien dormiste. ¿Le dirías a tu futuro cónyuge que fuiste a la cama con su mejor amigo(a)? ¿Qué sentirás al mirar a la persona que amas y tener que decirle algo como eso?

Quizá sería más fácil no hablar acerca de eso. Pero si no le hablas a tu futuro cónyuge acerca de tu pasado, ¿qué pasará cuando lo oiga de la boca de su compañero de cuarto? ¿Cambiará su capacidad para confiar en ti? ¿Creará tensión en su amistad con esa persona?

En un preuniversitario rural del estado de Pennsylvania, doscientos estudiantes acordaron donar sangre como parte de una campaña de donación. Cerca de sesenta de ellos fueron rechazados porque sus pruebas de sangre dieron VIH positivo. Los estudiantes que ya sabían que estaban infectados no firmaron, así que los sesenta fueron los únicos que no tenían ni una pista de que estaban infectados. Después de todo, ellos habían tenido sexo solo con personas que conocían de toda la vida. Pero una de esas personas tenía SIDA y no se los dijo.

¿El sexo afecta la comunicación? ¿Qué crees tú?

Pamela, quien me hizo la historia de la escuela que acabo de mencionarte, dice: "Mi novio fue uno de los sesenta que descubrieron que tenía el virus. Él tuvo el arrojo de decírmelo, aun cuando sabía que yo no estaba en riesgo. Ya ves, mucho antes de que saliéramos yo escogí no tener sexo". Cuatro años más tarde el novio de Pamela murió. En el siguiente mes de mayo Pamela se graduó de la universidad. La sencilla decisión tomada de esperar hasta el matrimonio para tener sexo le permitió estar viva y no muerta.

Cuando tus amigos y amigas comienzan a tener sexo, esto ejerce una presión adicional sobre ti. Oye, si ellos lo hacen es porque todo el mundo lo hace. ¿Cómo resistes esta presión? Si eres listo, escogerás amigos que también quieran esperar hasta el momento de casarse para tener sexo y que no te presionaran a hacerlo.

¿Qué hacer si tus amigos se convierten en activos sexuales? Mantén la comunicación siendo honesto con ellos. Déjale saber los riesgos, no solo de embarazo o alguna enfermedad, sino de cómo podría afectarse la amistad. No los sermonees pero diles cuánto piensas en ellos y lo mucho que valoras su amistad. Si ellos saben que realmente te interesas en ellos, confiarán en ti lo suficiente para buscar ayuda cuando la necesiten.

Juan ayudó a preparar las cosas para que Alberto violara a Teresa. Juan vio lo herida que estaba Teresa y abandonó su amistad con Alberto. Me pregunto que habría ocurrido si Alberto hubiera tenido un amigo verdadero.

PIENSA EN ESTO

1. ¿Quiénes son tus mejores amigos? ¿Qué cualidades se destacan en tu relación con ellos?
   _____
   _____
   _____
   _____

2. ¿Cómo te sentirías si tu mejor amigo se convirtiera en una persona sexualmente activa? ¿Le hablarías acerca de eso? ¿Qué le dirías?
   _____
   _____
   _____
   _____

3. Proverbios 27:6 dice: "Fieles son las heridas del que ama; / Pero importunos los besos del que aborrece". ¿Cómo tú piensas que esto se aplica al hablar con tus amigos del comportamiento sexual de ellos?
   _____
   _____
   _____
   _____

4. ¿Cuál de tus amigos podría ayudarte a mantenerte fuerte en contra de la presión de tus hormonas?
   _____
   _____
   _____
   _____

MÁS PARA REFLEXIONAR

¿Tienes algún amigo o alguna amiga que se haya vuelto sexualmente activo(a)? Dinos cómo esto ha afectado la amistad entre ustedes. (De nuevo, te sugiero que sea cuidadoso con el uso de nombres en caso que compartas este libro con otras personas.)

De la vida real

A. C. Green, jugador de la Liga Nacional de Baloncesto (*NBA*) con los *Miami Heat*

EN LA ACTUALIDAD A. C. GREEN tiene el título de "Hombre de hierro" de la Liga Nacional de Baloncesto al haber participado en 1.192 juegos consecutivos. Completar esta hazaña ha requerido mucho esfuerzo y perseverancia de su parte. Del mismo modo, su posición de esperar hasta el matrimonio para tener sexo ha requerido mucho coraje.

"En la preparatoria yo tuve relaciones amorosas que nunca resultaron en tener sexo. Pero eso no fue lo que le dije a los demás. La mayoría de los muchachos con que yo andaba me presionaban a tener sexo para formar parte del grupo. Como si fuéramos unos niños, yo hablaba mucho aunque nada había pasado... Yo los engañaba a ellos y a su vez, ellos me engañaban a mí.

"Cuando mis amigos me decían lo que me estaba perdiendo, la gracia de Dios me sostuvo. No era que no deseaba tener sexo o que no pensara en eso, si no que no decayó el respeto que tenía de mí mismo".

En 1991 a su compañero de equipo Earvin "Magic" Johnson se le encontró con el virus de inmunodeficiencia adquirida. A. C. tuvo una lucha interior cuando oyó lo que le estaba pasando a su amigo. "En mi estómago sentí un hueco como si el centro de mi cuerpo hubiera sido cortado. Yo comencé a llorar.

"No podía orar bastante. Estaba en un día sin fin, en una oración interminable, en una búsqueda constante. Por qué Dios permitía que algo así aconteciera. Por cinco años, yo había estado casi casa día con [Earvin]. Por cinco años había orado cada día pidiéndole a Dios que obrara en su vida. Ahora esto... La única cosa que podía hacer en esta situación era apreciar a mi amigo y llenarlo con mi afecto.

"La verdadera tragedia en el anuncio que Earvin dio de su enfermedad es que esto ocurre y aún así las personas no aprenden la lección. Un gran hombre estaba por el piso, pero las personas siguen con el mismo comportamiento. Esto es lo que más me duele.

"Muchos de los muchachos del equipo fueron a hacerse la misma prueba cuando oyeron lo ocurrido. Yo no fui. Fue una de las más traumáticas experiencias de mi vida, pero yo sabia que no estaba enfermo. La forma que yo he escogido es el mejor camino. Yo he sido criticado y ridiculizado, pero no tengo temor de estar solo en este aspecto".

Citas tomadas de A. C. Green, *Victory* [Victoria], (Lake Mary, FL: Creation House, 1994), pp. 129-131, 211-213). Usadas con permiso.

seis
Dios consideró el sexo

DIOS HABLA

"Yo estaba ahí cuando Alberto violó a Teresa. Él pensó que nadie lo estaba viendo, pero yo estaba ahí.[1]

"Sabes algo, el sexo fue idea mía en primer lugar. Hace mucho tiempo yo dije que no era bueno que el hombre estuviera solo. Le hice una mujer como compañía.[2] Cuando el primer hombre y su mujer tuvieron sexo yo lo aprobé.[3] Ellos estaban desnudos y no se avergonzaban por eso.[4] Nada estaba oculto. Cuando la mujer quedó embarazada, fue con mi ayuda.[5]

"Pero las cosas cambiaron. Los hombres no se contentaron con una sola mujer. Ellos tomaron mujeres que no les pertenecían.[6] Desearon a mujeres que ya estaban casadas.[7] Un hombre quiso tener sexo con su madre y otro fue a la cama con su hermana.[8]

"Cuando Alberto forzó a Teresa a que se acostara con él, a mi no me sorprendió. No era la primera vez que esto ocurría.[9] Pero algunas personas pensaron que porque no era la primera vez no me importaba. ¡Claro que sí me importó! A mí me hiere cada vez que uno de mis hijos hiere a otro que también es mi hijo. Mis ojos son como una fuente de donde constantemente fluyen lágrimas. Algunas veces pienso que pudiera irme y olvidarme de las personas hechas por mí. Podría vivir en una choza en algún lugar desierto y no tener que lidiar más con el pecado de ellos.[10]

Cuando dos personas tienen sexo fuera del vínculo del matrimonio, nunca es un suceso privado. Dañan la relación de cada uno de ellos con el futuro cónyuge. Como hemos visto en los capítulos anteriores, también afecta su relación con sus padres, sus hermanos, sus hermanas y sus amigos. Pero a veces nos olvidamos que también le duele a Dios. El pecado es como un puñal que le clavaran a Dios. Es como un clavo que le atraviesa los delicados ligamentos de su muñeca.

Muchas personas tienen miedo de Dios. Lo ven como el airado Dios de juicio. Piensan que Él está sentado en el cielo mirando, listo para descargar su ira si das un paso en falso. Creen que Dios está contra el sexo.

¿Te sorprendería descubrir que Dios es el autor del sexo? El sexo fue solo idea suya para que pudiéramos disfrutar de intimidad en el matrimonio.

Cuando Dios creó el mundo, hizo el sol y la luna, y dijo: "Esto es bueno". Entonces hizo la tierra y el mar. Y nuevamente dijo: "Esto es bueno". Él formó los pájaros, los peces, los hipopótamos y los insectos. Después de que completar cada cosa, Él la observaba y decía: "Esto es bueno".

Finalmente hizo al hombre y la mujer. ¿Qué tú crees que dijo después? No dijo eso. Cuando Dios hizo al hombre y a la mujer, Él estaba emocionado. Dios exclamó: "Esto es *muy* bueno" (Gn. 1:37, paráfrasis de la autora). En otras palabras, cuando Dios nos hizo varón y hembra dijo: "Esta fue mi mejor idea".

Dios podía habernos hecho como los gusanos. Si te acuerdas del curso de ciencias generales en el liceo, recordarás que cada gusano tiene tanto órganos sexuales masculinos como femeninos. Dios, como Creador, hizo gusanos unisexuales y Él tenía la capacidad para hacer lo mismo con nosotros. Pero no lo hizo. Él hizo a cada uno de nosotros hombre o mujer. ¿Por qué? Porque Dios piensa que el sexo es bueno. Usando sus palabras: Es "muy bueno".

Quizá dices: "Está bien. También escogió hacer perros y perras". Tienes razón. Pero Dios nos hizo diferentes de los perros y los gatos. Él nos hizo a su imagen. Tal como Él anhela intimidad en la relación con sus hijos, nos hizo anhelar intimidad. El deseo sexual es una expresión física de nuestra necesidad de intimidad.

Dios sabe que la intimidad entre dos personas conlleva más que dos cuerpos que se unen. Cuando ves a una perra y a un perro que se huelen uno al otro y entonces cinco minutos después se aparean, ¿podrías llamar a eso una relación? Claro que no.

EL SEXO ES UN REGALO DE DIOS.

Cuando Dios nos hizo, deseaba mucho más de nosotros. Él entrelazó nuestras respuestas físicas y emocionales. Él sabía el dolor que proviene de los celos, la ira y la confianza traicionada. Para que el sexo sea tan bueno como Dios lo planeó, Él dijo que debía ser en el contexto del matrimonio. Esa regla no fue para hacer nuestra vida más difícil, sino para protegernos y permitirnos disfrutar de la mejor intimidad sexual.

Un día, un joven me preguntó: "Si Dios quería que esperásemos hasta el matrimonio para tener sexo, ¿por qué nos dio estas hormonas antes de casarnos?" (En realidad su pregunta fue más explícita.)

Esta pregunta es razonable. ¿Por qué Dios nos da deseos sexuales tan fuertes antes del matrimonio? Como Creador podía haber designado con facilidad que en la noche de bodas comenzaran a funcionar en un momento nuestras hormonas sexuales. Pero Él no lo planeó de esa forma.

¿Podemos imaginarnos a Dios distribuyendo pasiones sexuales entre los jóvenes y después alegremente mandarles a que no satisfagan esos deseos hasta el matrimonio? ¿Está Él en los cielos riéndose y diciendo: "Es tan divertido verlos luchando"? ¿Es Dios cruel, como un padre que le da a su hijo un juguete maravilloso y luego le dice que no puede jugar con él? Muchos jóvenes piensan que Dios es así con respecto al sexo.

Si Dios no es algún tipo de aguafiestas, ¿por qué nos da pasiones sexuales y luego nos pide que esperemos? Dios sabía que la práctica de rehusar la tentación sexual antes del matrimonio era esencial si debíamos desarrollas las capacidades para lidiar con la tentación sexual después del matrimonio. También Dios conocía que si tienes sexo fuera del matrimonio esto te dañará. Te dañará no porque Dios quiera que así sea, sino porque Dios es justo. Él estableció en este mundo natural consecuencias para las malas acciones. Cada año Dios sufre por millones de mujeres que están solteras quienes sienten que el mundo se les cae encima al conocer que sus pruebas de embarazo dan positivas. Dios se aflige con los jóvenes quienes descubren que los herpes que ahora sufren son para toda la vida. Dios escucha las peleas airadas de las parejas cuyos matrimonios son sacudidos por la traición. Estas aflicciones son los resultados comunes de las decisiones personales de no hacerle caso al plan de Dios de esperar hasta el matrimonio para tener sexo.

DIOS ES JUSTO

Una vez un hombre me dijo: "Yo creo que Dios es amor, misericordioso y perdonador. Solo un Dios sin amor podría hacer que una joven cargue con un embarazo hasta dar a luz y luego forzarla a cuidar de un niño, echándole a perder el resto de su vida por un error". "Está en lo cierto en cuanto a que Dios es amor, misericordioso y perdonador", le dije yo. "Pero en su idea de Dios, ¿dónde pone usted su justicia? ¿Dónde están los patrones de rectitud de Dios? ¿Y su santidad?"

No puedes tener solo una parte de Dios. Él no es como un restaurante bufé en el que tú escoges cómo quieres que Él sea. Un poco de bondad, sí. Mucho amor, con gusto. El juicio de Dios, no gracias. Quisiéramos poder poner una gran cantidad de la justicia de Dios en los platos de otros, pero no en el nuestro. Mucho de nosotros deseamos un Dios justo, un Dios que lidie con asesinos y ladrones.

Queremos un Dios que juzgue a personas como Alberto que hieren a personas inocentes como Teresa, pero lo que muchas personas no se dan cuenta es que cualquier relación sexual fuera del matrimonio, incluso cuando los dos están de acuerdo en tenerla, ofende a Dios. Está en contra de su plan.

Conoces que el matrimonio es una figura de la relación de Jesús con la Iglesia. Jesús es el novio y la Iglesia es la novia (Ef. 5:23-33). Como esta relación es pura y santa, Dios desea que la relación matrimonial entre un hombre y una mujer sea pura y santa. El mandato de Dios de esperar hasta el matrimonio para tener sexo es una expresión de su amor. Lejos de hacer un obstáculo para mantenerte lejos de la diversión, la ley de Dios es una barrera para protegerte de que seas dañado. Él te advierte acerca de lo que puede acontecerte si te sales de su plan, pero Dios deja que tu decidas.

Muchos escogen ignorar la advertencia de Dios y son heridos.

¿Hay alguna forma de volver atrás? Sí. Dios no te quitará las consecuencias físicas como el dolor de las verrugas genitales. Dios no evitará que una joven quede embarazada para evitarle a ella o a su familia una situación embarazosa. Pero Dios puede quitarte las consecuencias emocionales y espirituales. Su perdón se extiende a personas semejantes a Alberto. Dios le dará fortaleza para vivir a las jóvenes como Teresa.

DIOS VE

Algunas personas piensan que Dios ve y que no le importa cuando ignoramos su plan.

Cada año en la universidad donde mi esposo enseña, uno de los profesores de sociología le pide la siguiente tarea a su clase: Vayan y quebranten una norma social y observen cómo las personas reaccionan. Pude ser algo como usar piyamas para ir a la cafetería o hablar muy alto al conversar.

Para su tarea, Brooke buscando la sala de estar de uno de los edificios de dormitorios para estudiantes. Allí encontró a un muchacho que besaba apasionadamente a su novia en el sofá. Se encontraban unidos en un solo abrazo. Hasta que ellos notaron la presencia de Brooke. Ella se sentó y comenzó a mirar fijamente a la pareja.

Poco a poco los brazos se aflojaron. Ella continuó mirándolos. El muchacho se incorporó un poco más recto. La joven se puso la blusa por dentro. Brooke continuó observándolos. Ellos se separaron un poco más en el sofá. Los ojos de Brooke no dejaron de mirarlos.

Se podía sentir un silencio pesado por todo el lugar. La pareja intercambiaba miradas nerviosas. Ellos comentaron algo y luego el silencio de nuevo. Brooke los inspeccionaba con atención.

Finalmente la pareja se levantó y caminó hacia la salida. La mirada de Brooke los siguió por la habitación. Al momento que ellos alcanzaron la puerta, ella se levantó y alcanzó a la pareja. Con dificultad para controlar la risa, Brooke les explicó la tarea que su clase le había pedido a la ofendida pareja. La contenida indignación de ellos se desató al darse cuenta de cómo tener a alguien que los observara había afectado su comportamiento.

Dios es un observador silencioso de cada cita amorosa tuya. Él puede no ser tan obvio como Brooke lo fue, pero Él está ahí. Él no es maleducado. Él no se entromete. Pero Él está presente. Muchas personas tratan de esconderse de la mirada del Señor. Alguien escribió: "¿Dónde me voy a esconder de la presencia de Dios? Si me levanto temprano y corro al extremo de la tierra, allí Dios estará cerca de mí. Si trato de esconderme en una habitación oscura, tú lo alumbras todo, ni las tinieblas son oscuras para Dios" (Sal. 139:7-12, paráfrasis de la autora).

Si Dios hizo tus ojos, ¿el mismo no podrá ver? ¿Es posible que el que inventó el oído no pueda escuchar? (Sal. 94:8-9; Is. 59:1).

DIOS SE INTERESA

Otros piensan que aunque Dios ve, no se interesa de la situación. Ellos hacen algo que saben que está mal hecho y después tratan de comprar a Dios poniendo unos billetes en las ofrendas del domingo en la mañana. A ellos Dios les dice: "¿Tú piensas que está todo bien? Hazlo con tu novia a ver que sucede. Dale un regalo después que la has traicionado, y ve cuán complacida se siente" (Mal. 1:8, paráfrasis de la autora). ¿Cómo tú puedes decir que a Dios no le importa? (Is. 40:27) ¿Dios se interesa cuando te fracturas una pierna, cuando sufres algún dolor físico? ¿Cuánto más Él se interesa cuando tu corazón se siente quebrantado por una relación rota?

Si Dios realmente se interesa, podrías preguntarte: ¿Cómo permitió que Alberto violara a Teresa? ¿Dónde estaba Dios cuando Teresa necesitó ayuda? Quizás estaba tomando una siesta, quizás estaba tomando café y cuando regresó dijo: "¡Ay! Mira lo que sucedió mientras estaba comiéndome una empanada".

¡No! Dios sabía lo que estaba sucediendo. Él estaba ahí y Él se interesó. Muy graciosa la manera interesarse, dirás tú. Tienes razón. Muchos libros han intentado responder a la pregunta de por qué les suceden las cosas malas a personas inocentes. La respuesta no es obvia, viene de simplemente tener fe. Solo tenemos que confiar en que Dios sabe lo que está haciendo.

Para mí la respuesta es seguir apoyándome en Dios porque:

1. Él no se equivoca.
2. Él nos ama lo suficiente para darnos la libertad de escoger lo malo.
3. Él es poderoso para curar las heridas que nos han hecho los que han tomado malas decisiones.

Dios amaba a Alberto. Él le dio la oportunidad de seguirlo o seguir a sus hormonas y podría perdonarlo si Alberto se lo hubiera pedido. Dios amaba a Teresa y le ofreció la sanidad y la fortaleza para seguir adelante. Dios puede hacer lo mismo por ti, no importa lo que haya sucedido en tu vida.

PIENSA EN ESTO

1. Dios está contigo cada vez que vas a una cita. ¿De qué manera conocer esto afecta los límites que pones a la intimidad física?

   _____
   _____
   _____
   _____

2. Lee los siguientes párrafos y describe lo que Dios siente cuando desobedecemos sus mandatos.

   > Pero como la esposa infiel abandona a su compañero, así prevaricasteis contra mí, oh casa de Israel, dice Jehová.
   >
   > —Jeremías 3:20

   > ¿Qué haré a ti, Efraín? ¿Qué haré a ti, oh Judá? La piedad vuestra es como nube de la mañana, y como el rocío de la madrugada, que se desvanece.
   >
   > —Oseas 6:4

   > ¿Cómo te he de perdonar por esto? Sus hijos me dejaron, y juraron por lo que no es Dios. Los sacié, y adulteraron, y en casa de rameras se juntaron en compañías... ¿No había de castigar esto? dijo Jehová. De una nación como esta, ¿no se había de vengar mi alma?
   >
   > —Jeremías 5:7, 9

   _____
   _____
   _____
   _____
   _____

3. Con tus propias palabras resume por qué Dios quiere que tú esperes hasta el matrimonio para tener sexo.
_____
_____
_____
_____
_____

4. Si estás herido(a) en este mismo momento por algunas cosas que ocurrieron en tu pasado, ¿qué esperanza te dan los párrafos siguientes para el futuro?

> Mas yo haré venir sanidad para ti, y sanaré tus heridas, dice Jehová; porque desechada te llamaron, diciendo: Esta es Sion, de la que nadie se acuerda.
> —Jeremías 30:17

> Porque como a mujer abandonada y triste de espíritu te llamó Jehová, y como a la esposa de la juventud que es repudiada, dijo el Dios tuyo. Por un breve momento te abandoné, pero te recogeré con grandes misericordias. Con un poco de ira escondí mi rostro de ti por un momento; pero con misericordia eterna tendré compasión de ti, dijo Jehová tu Redentor.
> —Isaías 54:6-8

_____
_____
_____
_____
_____
_____

MÁS PARA REFLEXIONAR

Piensa en alguien que se ha vuelto sexualmente activo(a). ¿De qué manera la relación con Dios de él o ella ha cambiado?

_____
_____
_____
_____
_____
_____
_____
_____
_____
_____
_____
_____
_____
_____
_____
_____
_____
_____

Notas finales

1. Salmo 139:2-3, 11-12.
2. Génesis 2:18.
3. Génesis 2:24.
4. Génesis 2:25.
5. Génesis 4:1.
6. Éxodo 20:14.
7. Éxodo 20:17.
8. Levítico 18:7, 9, 11.
9. Eclesiastés 1:10.
10. Jeremías 9:1-2.

De la vida real

Twila Paris, instrumentista cristiana

TWILA PARIS CONOCIÓ A su esposo por nueve años antes de casarse.

"Yo guardo como un tesoro que mi esposo es el único hombre al que le he dado algo de mi misma físicamente. Es el único hombre con el cual yo he estado. Yo soy la única mujer con la que él estuvo. ¿Entiendes la seguridad de eso? No hay ninguna comparación. No tengo absolutamente alguna razón de celar o sentirme amenazada.

"Yo puedo estar totalmente susceptible y completamente segura, así como él también. Esta es la forma que Dios quiso que fuera el matrimonio: Para sentirnos entrelazados en uno, no para que nos sintamos amenazados a cada momento.

"Si tú desobedeces las leyes de Dios antes de casarte, entonces ¿quién podrá decirle a tu esposo que no desobedezca esas leyes después de casados? Tú siempre sabrás que él no pondrá un elevado precio a su moralidad. Y cinco o diez años después de casados, te preguntarás: '¿Estará teniendo una aventura por ahí?'

"Jack y yo estuvimos muchas veces solos en el auto, pero él nunca trató de hacer nada. Él tenía mucho respeto por las leyes de Dios y por mí. ¿Y yo me voy a preocupar con este hombre diez años después, ahora cuando tengo tres hijos y no soy tan atractiva como otras mujeres? No. No importa cuán bonita pueda ser otra persona, porque no importó cuán atractiva yo era diez años atrás.

"¿Te das cuenta del firme lazo de seguridad que es cuando seguimos las leyes de Dios? Cuando tú fundas una relación con confianza en ves de intimidad física, estás creando lazos indestructibles".

Tomado de "Christmas with Twila" [Navidad con Twila] por Susie Shellenberger, revista *Brio*, diciembre de 1993, publicada por *Focus on the Family* [Enfoque a la familia]. Derechos reservados 1993 por Enfoque a la familia. Todos los derechos reservados. Derechos internacionales asegurados. Usado con permiso.

La Historia termina:
Solo la verdad

Este libro narra la historia de dos jóvenes llamados Teresa y Alberto. Los nombres fueron cambiados pero el hecho aconteció. Ahora es el momento de revelar la verdad.

Vamos a comenzar con el padre de Alberto. Alberto te dijo que su papá era internacionalmente conocido como un militar experimentado en el Oriente Medio y que su papá era una gran figura política. El verdadero nombre del papá de Alberto era el rey David. Él vivió hace más de 2.000 años antes. El piadoso rey David de la Biblia. El fervoroso rey David que con solamente una onda y unas pocas piedras peleó contra un gigante llamado Goliat. El devoto rey David que escribió muchos de nuestros salmos preferidos. Y el devoto rey David que obligó a Betsabé, la esposa de uno de sus amigos íntimos, a acostarse con él (2 S. 11:3-4).

El verdadero nombre de Alberto era Amnón. Vamos a seguir llamándolo Alberto solo para seguir la misma idea. Alberto era hijo de la segunda esposa del rey David, porque la primera esposa nunca tuvo hijos (6:23). Alberto era el príncipe heredero. Él tenía que asumir el trono cuando su padre muriera. Y sí, él violó a Teresa. Solo que yo no mencioné que ella era más que una amiga de la familia: Ella era su media hermana (13:1-2).

El hermano de Teresa, Samuel, se llamaba Absalón. Como él dijo, no fue el mismo después que violaron a Teresa. El asesino de Alberto (13:28) fue Absalón. Como eso no calmó su ira y todavía deseaba restaurar el honor de su hermana, llamó a su propia hija con el nombre de Teresa. Samuel se rodeó a sí mismo de personas quienes habían sido heridas por la violación. Cuando él se reveló contra el rey David, Samuel escogió a su primo para que dirigiera su campaña militar. Este hombre, Amasa, nació producto de la violación de la tía de Samuel. El consejero jefe de Samuel fue el abuelo de Betsabé, la mujer que el padre de Alberto forzó en la cama (17:25) Y lo más increíble de todo, Samuel llegó a convertirse en un hombre que abusaba sexualmente de mujeres. Violó a muchas mujeres que habían tenido sexo con su padre, sin embargo no lo hizo en privado como su papá, lo hizo públicamente en el techo del palacio en Jerusalén (16:22).

Juan fue Jonadab. No fue solo amigo de Alberto. Además resultó ser primo de Alberto (13:3). Como ves, todas estas personas eran del mismo círculo familiar. Juan fue uno de los que vino a darle la idea a Alberto de que se fingiera estar enfermo y tomar a Teresa cuando viniera a su cuarto (13:5). Cuando Samuel asesinó a Alberto, Juan fue uno de los que le dio la noticia a David (13:32).

¿Y Teresa? Su verdadero nombre era Tamar. David tuvo diecinueve hijos pero solamente una hija (1 Cr. 3:9). Padre solo de una hija querida. Después que Alberto violó a Teresa, esta nunca se casó. Vivió con Samuel por algunos años, pero después que Samuel mató a Alberto tuvo que irse del país y ella debió experimentar la falta de su hermano. Después de todo, fue él quien la apoyó después de la pesadilla de la violación por Alberto. ¿Cómo piensas que ella se sintió cuando supo que Samuel violó a otras mujeres? ¿Crees que ella lloró cuando él murió tratando de usurparle el trono a David?

¿Obtuvo Teresa justicia de Dios después de su violación? Sí. Dios grabó la verdad en un libro que se leería en todo el mundo y en cientos de idiomas por más de 2.000 años.

Esta historia completa la puedes encontrar en la Biblia comenzando en Segundo Samuel 13.

¿POR QUÉ DIOS CONTÓ ESTA HISTORIA?

El único nombre en nuestra historia que no fue cambiado fue el de Dios. ¿Por qué Dios puso este incidente horrible en la Biblia? La Biblia está llena de historias agradables acerca del rey David. ¿Por qué Dios no pasó por alto toda esta historia? Después de todo Alberto y Teresa no eran las figuras principales en este libro. Dios está comprometido con la verdad. Nada que nosotros hacemos está escondido de su vista. Tarde o temprano, Él siempre expone la verdad.

Creo que hay dos razones por las que estos capítulos están en la Biblia.

1. El deseo sexual no es algo nuevo.

La historia de Alberto violando a Teresa nos dice que los problemas con el sexo han existido desde hace miles de años. Durante toda la historia es los jóvenes de ambos sexo han tenido dificultad para controlar sus pasiones sexuales. Si tú luchas con todas esas hormonas dentro de tu cuerpo, *tú eres una persona normal.*

Cada joven o muchacha a través de la historia ha encontrado la misma dificultad. La pasión sexual no se descubrió hace diez años. Ha estado por siglos. Los fuertes sentimientos que tienes hoy no están equivocados ni son sucios. Son normales, Dios te los dio. Es tú oportunidad para pelear la batalla por el autocontrol.

2. Todo el mundo está luchando, no solo tú.

La segunda razón por la que Dios puso esta historia en la Biblia es para mostrarnos que no solo las personas que no siguen al Señor luchan con las hormonas sexuales. Dios distribuyó hormonas sexuales por igual a cristianos y no cristianos. Imagínate a Dios sentado en el cielo. Él mira acá abajo y dice: "¿Ves a José? Es un joven bueno. Va a la iglesia cada domingo. Canta en el coro y ayuda en la iglesia con el cuidado de los niños. No deseo que él luche con la tentación. Le daré una dosis menor de hormonas sexuales.

¿Y Sandra? ¿Tú la estás viendo? Su casa es un desastre. Su mamá se droga. Su papá está en prisión. Ella dice malas palabras todo el tiempo. Soltaré mi carga adicional de hormonas en su dirección. No hay esperanza de todas formas para ella.

¡*No!* Dios no obra así. Él le da hormonas a todo el mundo. Él da aparo a los niños que viven en las calles de Chicago. También se las da al bien arreglado joven campesino de Idaho. Dios distribuye hormonas por igual a las personas con pelo corto o largo, altas o pequeñas. Él da pasiones a las familias piadosas y a las que no lo son. Un certificado de bautismo no es una vacuna contra la tentación. La asistencia puntual a un grupo de jóvenes no te hará invencible de la atracción hormonal.

La casa del rey David no era diferente. Solo porque David era un hombre piadoso y un rey no cambió su ADN. Las hormonas que causaron que él violara a Betsabé fueron pasadas a su hijo Alberto y Samuel. Y a otro hijo llamado Salomón. Este tuvo demasiada testosterona que llegó a tener 700 esposas (1 R. 11:3).

Dios no te condena porque tienes hormonas. Después de todo, Él fue quien te las dio. Puso la historia de Teresa y Alberto en la Biblia para que puedas saber que lo que estás enfrentando es normal, para que puedas ver cuánto problema causa el sexo sin control.

Dios no está en contra del sexo. En el capítulo 6 consideramos el hecho de que Dios creó los sexos. Él quiere que disfrutemos del sexo dentro del matrimonio. Tus hormonas son un regalo de Dios para ti. Él te dio esas hormonas para que tú pudieras disfrutar de sublime intimidad con tu esposo o esposa.

La historia de Teresa y Alberto nos ayudan a entender por qué Dios nos llama a esperar hasta el matrimonio para tener sexo. Esto no se debe a que Dios tiene la intensión o disfruta de vernos luchar con la tentación, sí no porque Él es bueno. Eres un especial tesoro para Dios y Él no quiere que tú sea dañado. ¡Dios está *a tu favor,* no en contra tuya!

Esta es la clase de Dios en quien puedes confiar. En efecto, todas las Escrituras son una revelación de quién es Dios. Él desea que le conozcamos y lo amemos.

No importa cuán elevados fijes los patrones para tu futura pareja, nadie será completamente honesto, fiel, perfectamente confiable, paciente... como Dios es. Ningún hombre o mujer podrá amarte en el futuro de la manera en que Dios lo hace ahora mismo.

LA ELECCIÓN ES TUYA

¿Seguirás a Dios o a tus hormonas?

Esto es una decisión que yo no puedo tomar por ti. Yo tomé la decisión de poner a Dios en primer lugar en mi vida hace tiempo. Escogí seguir el plan de Dios. Esperé para tener relaciones sexuales hasta llegar al matrimonio. Fui bendecida al hacerlo.

Ahora tú estás con el volante en las manos. Tus padres no pueden tomar esta decisión por ti. Ellos no están siempre contigo para chequear lo que haces. Tu maestro o líder del grupo de jóvenes no puede darte una tarea que diga: "Vete a casa y practica la abstinencia sexual".

Solo tú puedes decidir cómo manejarás a tus hormonas.

ESPERAR: LA ELECCIÓN INTELIGENTE

Muchos jóvenes de ambos sexos han contribuido a este libro con sus historias e ideas de cómo estuvieron en control. Quizá sus historias te ayudarán a tener éxito donde David, Alberto y Samuel fracasaron. Pregunté a los jóvenes quienes me han ayudado por qué esperaron para tener relaciones sexuales hasta el matrimonio. A continuación verás algunas de sus respuestas:

"Yo soy cristiana", dice Gina. "Yo creo que Dios es sabio. Cuando Él me dice que desea que yo espere, me parece que Él sabe qué es mejor para mí".

Doug me dijo: "Como veo esto, darle mi virginidad a mi esposa es una forma que le puedo mostrar mi amor por ella. Deseo estar capacitado para mirar a mi esposa y decirle: 'Yo te amé antes de que te conociera y me guardé para ti'".

Chad añadió: "La forma que veo todo esto es que cuando encuentre la mujer de mis sueños, la mujer que quiero para casarme, quisiera darle algo especial para mostrarle a ella mi amor. Le daré flores, pero Doug le dará flores también. Yo le daré a ella caramelos... pero Doug le dará también caramelos. Me casaría con ella y le daría un anillo de bodas. Esto será especial también, ¿verdad? Pero Doug hará lo mismo. Lo que pienso es que solo puedo darle una cosa a mi esposa que otro hombre no puede darle: Eso es mi virginidad".

Tamara razona de la siguiente manera: "Yo estoy en la universidad. Tengo muchas metas para mí misma. Con toda la presión de exámenes, proyectos y clases, no necesito de una carga emocional adicional que viene de ser sexualmente activa".

Kipp hace poco se graduó. Él permanece esperando. "Con franqueza, no quiero compartir mi esposa con otros hombres. Si quiero que ella espere, me parece que ella se merece el mismo respeto de mi parte".

Todo está claro. Dios te ama y te da libre elección. Puedes escoger su camino o el tuyo. La historia de Teresa y Alberto da a conocer con claridad que si escoges tener relaciones sexuales fuera del matrimonio, muchas personas serán dañadas. No solo tus padres, tu novia o tu novio, tu hermano o tu hermana, o tus amigos, sino tú mismo. La elección es tuya. ¿Qué harás?

PIENSA EN ESTO

1. ¿Has sido herido(a) por alguna persona cercana a ti que se ha vuelto sexualmente activa? ¿Cómo perdonarlo o perdonarla te ayudaría en tu sanidad?

   _____
   _____
   _____
   _____

2. Lee la siguiente versión de 1 Tesalonicenses 4:3-5 a continuación. Piensa qué te dicen estos versículos y escribe tus ideas a continuación en el espacio en blanco.

   Lo que Dios quiere es que ustedes lleven una vida santa,

que nadie cometa inmoralidades sexuales y que cada uno sepa dominar su propio cuerpo en forma santa y respetuosa, no con pasión y malos deseos como las gentes que no conocen a Dios.

_____
_____
_____

3. ¿Cuál es tu decisión personal acerca de la pureza sexual antes del matrimonio? Expresa tu decisión por escrito, fírmala y dale una copia a alguien en quien puedas confiar que la guardará en un lugar seguro.

_____
_____
_____

4. ¿Qué pasos prácticos puedes tomar que te ayudarán a mantenerte sexualmente puro?

_____
_____
_____

MÁS PARA REFLEXIONAR

Trata de escribirle una carta dirigida a tu futuro esposo o esposa. ¿Preferirías decirle a él o a ella con cuanto amor lo has esperado o preferirías contarle acerca de tus heridas en relaciones pasadas?

_____
_____
_____
_____